批判理论·成都评论

CRITICAL THEORY
CHENGDU REVIEW

（1）

傅其林 / 主编

Editor-in-Chief Fu Qilin

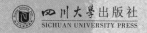

四川大学出版社
SICHUAN UNIVERSITY PRESS

顾 问

Consultants

冯宪光教授（四川大学）

Prof. Feng Xianguang（Sichuan University）

朱立元教授（复旦大学）

Prof. Zhu Liyuan（Fudan University）

编 委

目录 Contents

走向二十一世纪的批判理论

傅其林

摘　要：二十一世纪的批判理论需要重新确定起点，回到马克思历史考证版的原文本，激活马克思所开创的批判武器；它必须面对新现实，新现实开拓批判理论的世界空间；它必须扎根于具有丰富批判精神的新传统，新传统扩大批判理论的时间跨度；它必须融入具有无限可能和诸多危机的新感性，新感性深化批判理论的品质内涵。批判理论家需要投身于新现实，认知新现实，改变新现实，从新现实中提出新概念、新范畴和新命题，形成批判理论的新武器与新力量，从而返回现实中，不断创造现实的可能性。东方的批判精神为新世纪的批判理论注入源源不断的活力。这是对传统的新发现与深度开掘，是新传统的建立。新传统不仅为新世纪的马克思主义批判理论提供肥沃的土壤，而且注入批判理论以新的内涵。由于新传统的融入，新世纪的批判理论突破了西方中心主义之藩篱，从而成为真正意义上的世界性的理论形态。新世纪的批判理论通过研究新现实，融入新感性，努力寻找资本运行和权力分配的内在逻辑与合法性，从而实现理论本身的更新。因此二十一世纪批判理论是传统批判理论的转型，是具有文本性、现实性、历史性和感性的世界理论形态。它以人们对美好生活的向往为目标，具有批判性和建构性，是融合了中华文化中的批判精神和西方批判精神的全球性理论。

关键词：二十一世纪；批判理论；回到马克思；新现实；新传统；新感性

作者简介：傅其林，1973 年生，四川大学文学与新闻学院教授，国家社科基金重大项目"东欧马克思主义美学文献整理与研究"（15ZDB022）首席专家。出版《阿格妮丝·赫勒审美现代性思想研究》（2006）、《审美意识形态的人类学阐释——二十世纪国外马克思主义审美人类学文艺理论研究》（2008）、《宏大叙事批判与多元美学建构——布达佩斯学派重构美学思想研究》（2011）、《东欧新马克思主义文艺理论的核心问题》（2017）、《雅诺什的面孔：阿格妮丝·赫勒美学文选》（2020）、《马克思主义与中华文化文选》（2023）、等学术著作；在《文学评论》《文艺研究》《论题十一》《欧洲评论》《比较文学与文化》等国内外学术期刊发表论文 100 余篇。[电子邮箱：fuqilin11@163.com]

投稿须知

《批判理论·成都评论》（*Critical Theory：Chengdu Review*）依托四川大学国家一级重点学科和 A+学科中国语言文学以及文艺学国家重点学科的学术交流平台，由四川大学文学与新闻学院马克思主义文艺理论研究中心承办。2024 年开始出版发行，一年两卷（5 月和 10 月）。统一论文格式：题目、作者、中文摘要（500 字左右）、中文关键词、中文作者简介、题目英文名、英文作者、英文摘要、英文关键词、英文作者简介、正文、页下注释（注释规范见后）；论文篇幅一般 8000 字以上。

《批判理论·成都评论》采取页下注释（脚注）的方式，注释序号用①②③……标示，注意文中阳圆与脚注序号一致。注释的格式示例如下。

1. 著作

余东华：《论智慧》，中国社会科学出版社 2005 年版，第 35 页。

2. 译著

［美］爱德华·赛义德：《赛义德自选集》，谢少波、韩刚等译，中国社会科学出版社 1999 年版，第 138 页。

3. 期刊、报纸

袁连生：《我国义务教育财政不公平探讨》，《教育与经济》2001 年第 4 期。

4. 外文专著

Seymou Matin Lipset and Gay Maks, *It Didn't Happen Hee: Why Socialism Failed in the United States*, New York: W. W. Norton & Company, 2000, p. 266.

5. 外文期刊

Christophe Roux-Dufort, "Is Crisis Management (Only) a Management of Exceptions?" *Journal of Contingencies and Crisis Management*, Vol. 15, No. 2, June 2007.

编辑部主任：高树博（四川大学文学与新闻学院）13458575629

联络秘书：陈浩东 18349393733

统一投稿邮箱：criticaltheory88@sina.com

Towards the Twenty-first-century Critical Theory

Fu Qilin

Abstract：The twenty-first-century critical theory must be located in the new beginning，that is to say，back to the authentic texts of Marx's MEGA², revoking weapons of critique that Marx innovated；it must be confronted with the new reality，which opens up the world space of critical theory；it must be engaged with the new tradition full of a rich spirit of critique，which enlarges the historical span of critical theory；it must absorbed in new sensibility with infinite possibilities and crises，which deepens the quality of critical theory. Critical theorists should probe into the new reality，recognize it，change it，put forward new concepts， categories and propositions from it，construct new weapons and powers of critical theory，and return to the reality and realize its possibility. The Eastern critical spirits present critical theory with a lot of energy. This is a new rediscovery and penetrating exploration of historical tradition. This is the establishment of new tradition. The new tradition lays a fertile ground for Marxist critical theory with new contents. With it, the new century critical theory breaks out of the limitation of Western centrism and characterizes global theory. Therefore, the new century's critical theory researches new reality, understands new sensibility as well as internal logics and legitimation of capital operation and power distribution, and then renews itself. The twenty-first-century critical theory means transformation of critical theory and it is a global theoretical paradigm with textuality, reality, historicity and sensibility. Aiming at the people's wish for the good life, it combines critique and construction, and incorporates with critical spirits both from Chinese culture and from Western one. In a word, it is a really global theory.

Keywords: the twenty-first-century; Critical Theory; back to Marx; new reality; new tradition; new sensibility

Author: Fu Qilin (1973—　) is a Doctor of literature and professor at the College of Literature and Journalism in Sichuan University, chief expert of a key project of the China Social Science Fund "Bibliography and Research of Eastern European Marxist Aesthetics" （15ZDB022）. Fu

Qilin's published books include：*A Study of Agnes Heller's Thoughts on Aesthetic Modernity* （2006）, *An Anthropological Interpretation of Aesthetic Ideology* (2008), and *The Critique of Grand Narrative and the Construction of Pluralist Aesthetics: A Study of Reconstructing Aesthetics of Budapest School* （2011）, *Eastern European Neo-Marxist Aesthetics* （2016）, *A Study of Basic Issues of Eastern European Neo-Marxist Literary and Artistic Theory* (2017), *Janus Face:Selected Works of Agnes Heller's Aesthetics* (2020), *Marxism and Chinese Culture:Reader* (2023); and more than 100 papers about Marxist literary theory in journals, such as *European Review*, *Thesis Eleven*, *Literary Review*, *Comparative Literature and Culture*. ［Email：fuqilin11@163.com］

　　如果说法兰克福学派从 1923 年开始开创了严格意义上的批判理论，那么批判理论至今已过 100 年。在这100 余年的漫长时间中，批判理论在西方世界乃至全球产生了巨大的影响，其声誉不独涉及哲学、美学、文艺理论、文化研究等领域，亦渗透于日常生活，甚至沉淀于无意识的无言状态之中。批判理论已经形成了一个深厚的文化传统。在一定意义上，它成了现代人的一种文化遗产。事实上，法兰克福学派开创的批判理论在猛烈撞击现代资本主义制度与文化现象的风暴之中，其能量在扩散蔓延的同时，也消解了理论的力量，穿透现实的勇气日渐缺失，批判的锐气也日益钝化，方法与武器趋于陈旧，甚至陷入理论的制度腐化之中，倒转为其批判的对象。在二十一世纪，面对人类社会的新现实，面对人类深厚的文化传统，面对人类新感性的存在方式，批判理论需要重新出发，形成新世纪、新时代和新世界的批判理论。虽然 2016 年巴特勒等理论家在美国发起建立国际批判理论联盟，试图关注全球的批判理论平台和课题，在国际上产生了一定的影响，但是他们没有提出新世纪批判理论发展的切实可能性与有效路径，这不免遗憾。我们认为，二十一世纪的批判理论需要重新确定起点，从四个维度推进：回到马克思历史考证版的原文本，激活马克思所开创的批判武器；面对新现实，新现实开拓批判理论的世界空间；扎根于具有丰富批判精神的新传统，新传统扩大批判理论的时间跨度；融入具有无限可能和诸多危机的新感性，新感性深化批判理论的品质内涵。因此二十一世纪批判理论是传统批判理论的转型，是具有文本性、现实性、历史性和感性的世界理论形态。

一、批判理论的新起点：回到马克思文本

批判理论的形成与辉煌不是无中生有，不是无源之

水、无本之木。事实上，在人类历史中，每次重要的理论创新，都试图追本溯源，寻根究底。不论是柏拉图、亚里士多德，抑或老庄，还是孔孟，皆欲求回到原点。刘勰的《文心雕龙》第一篇就是《原道》，追寻文之原点。原点乃是本质之源，起点自明，则物之本性透彻。马克思在古希腊文化中找到唯物主义之原点与源头，马克思之后的著名批判理论家则是回到马克思，从经典文本的阐释中寻觅关键概念、核心范畴与重要命题，彰显二十世纪批判理论的强大阐释力和生命力。二十一世纪的批判理论需要再次回到马克思，深入阐释马克思，重新发现马克思，从马克思那里寻找理论思想、理论灵感和理论勇气。这是在以往回到马克思的基础上再次往返，作为新的批判理论形象的马克思将呈现出来。

在新世纪，批判理论不断回到马克思，主要有四种群体及其理论形态。一是《历史与阶级意识》时期的卢卡奇和第一代法兰克福学派学者霍克海默、阿多诺、本雅明、马尔库塞、弗洛姆等所建构的形态。他们回到黑格尔式知识语境中的马克思，注重历史哲学和辩证法的创造性辨析，提出物化理论、文化工业概念、机械复制时代艺术作品、新感性等理论范畴，对资本主义制度进行深入的意识形态批判，多聚焦马克思和恩格斯生前没有公开发表的《巴黎手稿》《德意志意识形态》等。二是以法兰克福学派第二代哈贝马斯为代表，回到社会交往的马克思，阐发公共领域与私人领域之关系，在语言交往的基础上提出理想的交往共同体，其中马克思和恩格斯的《德意志意识形态》起到了很大的激发作用。三是以晚年的卢卡奇以及布达佩斯学派、实践派等东欧新马克思主义理论家为代表，在二十世纪五六十年代掀起回到真正马克思的浪潮，主要是回到《巴黎手稿》，举"马克思主义复兴"之大旗，掀起了东欧马克思主义批判理论构建之高潮。四是以阿尔都塞等法国马克思主义理论家为代表，在二十世纪六十年代深入阅读马克思的《资本论》，构建起马克思鲜明的结构主义者形象。可以说，这四种主要的批判理论通过回到马克思，形成了不同的批判理论形态，从不同角度激活了马克思的批判理论及其合法性。

在二十一世纪，批判理论需要再次回到马克思，从而形成批判理论的新起点。之所以要再次回到马克思，主要有两方面的考量。一是面对当代批判理论的原创性减弱，这需要回到马克思，回到更为系统和全面的思想体系与文本语境。要重新阅读马克思的文本，阐释文本及其语境，构建更为整体的马克思的批判理论形态。这是新的综合、新的总体审视、新的历史考察。上述四种批判理论所诉求的马克思面向各有侧重点，有的甚至针锋相对，譬如阿尔都塞对《资本论》的解读与布达佩斯学派对《巴黎手稿》的阐释，卢卡奇与布莱希特的论辩，哈贝马斯与马尔库塞的分歧，等等。这些对立与矛盾需要在总体性视野下通过回到马克思得到进一步澄清，需要创新构建马克思作为批判理论家的整体形象和多面向度。二是回到马克思文本本身。如果说以往回到马克思是回到对马克思的经典文本、代表性文本的阐释，试图形成真正的马克思形象，那么二十一世纪的批判理论则要回到马克思文本本身。所谓马克思文本本身，就是回到历史考证版第二版（MEGA²）《马克思恩格斯全集》。这是目前国内外马克思主义学者所关注的文本，也是最具权威性的马克思和恩格斯书写的真实文本。这些文本不是翻译文本，而是原原本本的。一些文本是以前人们所没有看到的，颇具重要的史料价值和思想价值。这些文本是多语种存在的，涉及拉丁语、古希腊语、德语、英语、法语等。因此，这次回到马克思，是一次艰难的旅程，回归的路上荆棘密布。这些文本涉及马克思具有重要价值的手稿、摘要和笔记，蕴含丰富的理论思想。其中马克思的一系列笔记是研究阐释的重点，尤其是关于哲学、美学、文学艺术研究、历史、经济学、人类学等领域的丰富文献，对理解马克思的美学思想和文艺思想具有启发的意义，可以帮助读者深入地理解马克思美学和文艺学形成的历史起源和形成过程，可以把握马克思批判理论的创新之源。马克思在1842年留下的《波恩笔记》，关注艺术史与宗教命题，涉及一系列关于文学艺术研究著作的阅读与摘录，内涵深刻，摘要关键。摘录本身是一种阐释、一种选择、一种理论的辨认。马克思摘录了鲁莫尔（Rumohr）1827年在柏林出版的《意大利研究》（*Italienische Forschungen*）中关于意大利绘画尤其是宗教艺术研究的一些重要语段。涉及希腊艺术时，马克思摘录如下："因为艺术自身形象中的一切，皆是以一种精妙绝伦的方式对人类美德的展现，艺术却由此延伸出对神秘概念的恣意暗示，因此，对一个形象的放大应当符合其自然尺寸，放大后的庞然大物可能是理智的标志，也可能是观众在感性影响下的想象力产物，但无论如何，形式的内在意义显然只能弱化而不会发生改变，因为在艺术完全不同的阶段中，人们对小巧精致的坚定追求从未改变。"[1] 如果把马克思1842年的摘录和青年马克思的《论犹太人问题》和《巴黎手稿》结合起来研究，我们可以更深入地理解马克思的宗教批判思想和对人类的实践感性存在的确认，从而丰富马克思的批判理论和美学思想。

因此，批判理论再次回到马克思，是总体性的回归、原本性的回归。这次回归必然不同于传统的批判理论，而是批判理论的新形态，是文本性的批判理论形

---

[1] Karl Marx and Friedrich Engels, *Exzerpte und Notizen bis 1842*. Bd. VI/1, Berlin: Dietz Verlag, 1976, p. 293.

态，它们将带来批判理论新的增长点，增强批判理论的阐释力。

二、新现实开拓批判理论的世界空间

理论源于现实并引导现实。批判理论具有鲜明的实践性和强有力的物质力量。现实是一种复杂的结构，其结构元素多元而细微；现实是一种时间流逝的当下，传承着过去，不断奔向未来；现实的空间性和时间性蕴含着理论的诸多可能性与巨大的潜力。同时，现实也是一种文化意义的灌注，它本身是一种文化活动，是意义机制的现实化和具体化。随着历史的发展，现实不断更新演变。批判理论须立足新现实，阐释新现实，推动新现实。新现实是什么呢？批判理论如何回应它呢？新现实是二十一世纪的现实状况，是全球化互联互通的现实，是数字媒介技术普遍化的现实，是物质财富日益丰富和多元的现实，是资本、政治等更为赤裸地对抗的现实。历史进入二十一世纪，时代换新颜。一代有一代之文学，一代有一代之理论。纵观历史长河，二十一世纪迥异于爆发两次世界大战以及社会主义运动风起云涌的二十世纪，也不同于资本主义日益发展却又血腥累积的十九世纪。虽然新世纪的各种经济社会文化力量还在不断展开，仍在演变，未来充满诸多不确定性，但是它已经露出端倪，展现新时代的特质。

第一，二十一世纪新现实的空间无限广阔。在人类历史上加上了互联互通，世界各国更为紧密地纠缠一体，彼此不可分离。互联网络与航天航空的崛起，国与国之间，部门与部门之间，人与人之间，展开了互联对话，地球在人们的眼里得到时间的确认与感知，曾经遥不可及的地球图像，如今可以随时在各种地图图谱中被纳入掌中。这种现实突破了以往物质空间的局限性，突破了人和群体的有限能力，地球村成为一种每天可以体悟和认知的空间状况。人类的活动空间和生存空间得到前所未有的延伸，从民族区域空间到深海领域，从世界大都市到穷乡僻壤，从地球到宇宙星空，从星链网络到对物质内部微细肌理的探析，从跨海大桥、海底隧道到生物基因编辑，新世纪的现实是绚丽的、幽微的、复杂的、无限的。批判理论需要面对新现实的广阔空间，拓展空间领域，深化空间意识，诊断空间结构与肌理，从而激发批判的活力与效力。因此，二十一世纪的批判理论是全球互联的批判理论。

第二，新现实是数字技术占据支配力量的现实。数字化社会现实成为不争的事实，成为人类实践的内在组织和结构力量。数字化社会是虚拟现实的彰显，是计算能力的延伸，是人工智能的支配。数字技术渗透人类现实的各个领域和各个维度，从而带来现实结构形态的革命。二十一世纪以前的现实主要由人类的活动实践来构建，现实是人与人切身所触的网络。不论是政治事件，抑或生产消费，还是日常生活，现实的物质性、物质的坚固性、事物的可触及性，昭然可见可及。然而在二十一世纪，数字技术突飞猛进，数字化的能力急剧突破，数字信息犹如幽灵在人类社会游荡，主宰着现实的结构生成、演化与生命的限度。传统的物质现实转化为数字现实。数字技术的能力成为构建现实的可能性的限度，数字信息的计算决定着权力体系的稳固。新世纪的批判理论需要进入数字现实，理解数字化的建构能力及其可能性方向，人类必须拥有洞悉数字化的能力，否则批判理论无法解开坚硬的现实外壳，只能环绕着似是而非的光环，看不到数字技术建构现实的复杂机制。传统现实是人切身参与的现实，而新世纪的现实越来越不需要人的直接参与，越来越成为远距离数字技术控制的现实。因此，新世纪的批判理论是应对数字现实的批判理论。

第三，新世纪的现实矛盾呈现新的特征。由国际视野观之，一方面，全球化趋势日益扩大，人类命运更加彼此关切，国与国之间，民族与民族之间，人与人之间更加密切地联系在一起；另一方面，西方发达资本主义的联盟更为紧密而稳固，资本利益集团结合更加紧密，政治意识形态与文化价值更加具有排他性，军备竞赛一浪高过一浪，霸权思想、西方中心主义及其实践行为更加直接，愈加赤裸。同时可以看到，西方资本主义社会不是更为和平与安全，而是矛盾日益突出，社会风险更加不确定，各种暴力活动频繁。从国内来看，我国的社会主要矛盾已经转化为人民日益增长的美好生活需要和不平衡不充分的发展之间的矛盾。在解决主要矛盾的过程中，社会现实不断更新：天更蓝，水更清，空气更干净，城市更智能，交通更便捷，乡村更美丽，青山绿水，随处可见。人民对美好生活的向往随着高质量发展不断得到满足。但是深层次的矛盾仍然有待彻底解决，东西部差异、城乡差异、信息技术鸿沟，这些问题依然阻碍着人民对美好生活的向往。新世纪的批判理论必须关注新现实的主要矛盾，更深入地理解当代资本主义社会生活与权力运行机制及其意识形态的主要危机，批判资本主义的政治、经济、文化等意识形态霸权、技术垄断霸权和军事集团霸权。同时，它要关注中国特色社会主义在新时代主要矛盾的实践性解决，审视美好生活的历史性推进以及遭遇的种种挑战。因此，新世纪的批判理论要直面新现实的主要矛盾，在批判当代资本主义的同时关注新时代中国特色社会主义的实践，聚焦美好生活的可能性与现实性。因此，新世纪的批判理论是在批判中进行建构的批判理论。

新世纪的新现实推动传统的批判理论的转型，催生新的理论范式。批判理论家需要投身新现实，认知新现实，改变新现实，从新现实中提出新概念、新范畴和新命题，形成批判理论的新武器与新力量，从而返回现实，不断创造现实的可能性。如果说批判理论本身是理论与实践的统一体，那么二十一世纪的批判理论是具有新社会实践性的批判理论，它更能够有力地阐释现实，也更能够洞悉现实的矛盾和解决矛盾的路径，从而成为改变世界的理论力量。

三、新传统扩大批判理论的时间跨度

批判理论始终内含历史性，它在历史中产生、发展和演变。新世纪的批判理论更系统、更深入审视历史性，它把人类历史的过去、现在与未来纳入理论阐释之中。其中，新传统需要特别加以关注，因为它延伸了批判理论的时间跨度。以前的批判理论也关注传统。从古希腊到中世纪、文艺复兴、启蒙运动、法国大革命、工业革命等，从前现代到现代以及后现代，批判理论皆有或明或暗的触及。但是这主要是关注西方的传统。这个传统似乎已经被充分地阐释。马克思所开创的批判理论是世界性的，不仅需要承续西方传统，还要赓续东方传统。新世纪的批判理论发现新传统，尤其是关注东方社会历史的深厚而悠久的传统，从而形成了更具有世界性的、融合传统与现代的阐释性对话。因此，新世纪的批判理论是饱含中华文化元素的批判理论，具有历史的厚重感和鲜明的时代性与现代性。

中华文化作为东方文化的重要代表，历史悠久，绵延万余年，既是中华民族智慧和精神的凝聚，也是中国人民历史实践的积淀。中华文化中蕴含着极为丰富的批判精神，在一定程度上与批判理论是彼此契合的。

中国的批判精神自古有之。老子开创的道家思想，以道和德之本性，提出有无相生、上善若水、无为而治、大化自然等哲学思想范畴，不仅追问人之本体、国家治理与宇宙世界之常道，也在确立人与自然和谐共生的理想境界。这些思想本身具有尖锐的批判性和复杂的辩证性，是对现实社会的功利主义、附庸主义和形式主义的截然否定，"绝圣弃智，民利百倍；绝仁弃义，民复孝慈；绝巧弃利，盗贼无有"①。孔子所开创的儒家思想以仁义礼智信为范畴和价值规范，蕴含着批判性，这是对淫欲之规避，对私欲之贬斥，对野蛮之超越，对怯懦之摒弃，对虚伪之否定，对鬼神之远离。《孟子》主张性善论，主张"民为贵"，坚守"王道"，认为"仁政无敌"，可以说是一部极具批判精神的经典之作。孟子游历诸多国家，具有丰富的实践经验和强大的批判精神。他大胆展开对君王霸权和私利言行的直面批判，譬

① 王弼：《老子道德经注校释》，中华书局 2008 年版，第 45 页。

如《梁惠王上》载孟子见梁惠王，后者关注"利吾国"，而孟子对曰："王，何必曰利？亦有仁义而已矣。"[①] 梁惠王立于沼上，顾鸿雁麋鹿而独乐，孟子则以《诗》为例表明"文王以民力为台为沼，而民欢乐之""古之人与民偕乐，故能乐也"，从而质疑梁惠王之"独乐"。在春秋战国时代，诸子之作以原创性主张，既对现实社会和权力政治进行批判，又对不同的观点立场加以辨析，这是中华文化批判精神的第一次高潮。秦汉以来，批判精神绵绵延续，渗透于哲学著作、文学作品和日常生活之中，成为日用而不觉的文化特质和精神力量。李斯的《谏逐客书》"臣闻吏议逐客，窃以为过矣""客何负于秦哉""所重者在乎色乐珠玉，而所轻者在乎人民也""求国无危，不可得也"；贾谊的《过秦论》批判秦王之"仁义不施"；刘勰的《文心雕龙》以经典之名陈述文坛之怪相："去圣久远，文体解散，辞人爱奇，言贵浮诡，饰羽尚画，文绣鞶帨，离本弥甚，将遂讹滥。"[②] 佛教传入中国之后，其批判精神也形成了中华文化的重要维度，譬如《维摩诘经》所言"若菩萨欲得净土，当净其心；随其心净，则佛土净"[③]，佛土的清净蕴含着对人世

---

① 焦循：《孟子正义》，中华书局 1987 年版，第 36 页。
② 范文澜：《文心雕龙注》，人民文学出版社 1958 年版，第 726 页。
③ 《维摩诘经》，中华书局 2010 年版，16 页。

间的喧闹、心烦意乱、祸国殃民等种种罪恶业道的超越与否定。维摩诘对舍利佛、大目犍连、大迦叶、须菩提等修行进行否定和质疑，以引导进入大乘正觉之道。僧祐的《弘明论》、道恒的《释驳论》等文章，张扬佛教义理，反驳种种非难，颇具批判之力量。若以文学创作言之，《诗经》的《硕鼠》、屈原的《离骚》、李白的《蜀道难》、杜甫的《石壕吏》、白居易的《琵琶行》、关汉卿的《窦娥冤》、施耐庵的《水浒传》、曹雪芹的《红楼梦》，无不具有批判性之精神。屈原的批判精神在中国文学中颇具典型性和深刻性，其《离骚》《渔父》等作品既对昏君残暴、臣僚逸诮加以批判，所谓"羿淫游以佚畋兮""夏桀之常违兮"，也对社会世俗世风加以针砭，所谓"众皆竞进以贪婪兮""固时俗之工巧兮""背绳墨以追曲兮""举世皆浊""众人皆醉"。可以说，批判精神本身就是中华文化的历史传统，值得从二十一世纪批判理论的视野进行深入挖掘与阐释。

在二十世纪，批判精神既延续了古代传统，又具有现代性特征。随着马克思主义在中国的传播与实践，具有马克思主义特征的批判理论不断形成，成为二十一世纪批判理论的新传统。鲁迅无疑是一位伟大的批判理论家，他以笔作为武器，对国民性进行批判，对传统制度化的吃人礼教进行猛烈的抨击，对虚假的不彻底的革命进行无情的嘲笑，对黑暗的社会与残暴的统治进行深刻的揭露。语言在鲁迅那里成为匕首，成为否定性力量的强大武器。在《娜拉走后怎样》一文中，鲁迅直面社会问题，探究自由的可能性："在经济方面得到自由，就不是傀儡了么？也还是傀儡。无非被人所牵的事可以减少，而自己能牵的傀儡可以增多罢了。因为在现在的社会里，不但女人常作男人的傀儡，就是男人和男人，女人和女人，也相互地作傀儡，男人也常作女人的傀儡，这决不是几个女人取得经济权所能救的。"① 在《记念刘和珍君》中，鲁迅深刻揭露段祺瑞政府的暴虐与世界的非人性，充分展现真勇士般的鲜明的批判精神："真的猛士，敢于直面惨淡的人生，敢于正视淋漓的鲜血。这是怎样的哀痛者和幸福者？然而造化又常常为庸人设计，以时间的流驶，来洗涤旧迹，仅使留下淡红的血色和微漠的悲哀。在这淡红的血色和微漠的悲哀中，又给人暂得偷生，维持着这似人非人的世界。我不知道这样的世界何时是一个尽头！"② 鲁迅的批判精神被毛泽东清晰阐明："他用他那一支又泼辣，又幽默，又有力的笔，画出了黑暗势力的鬼脸，画出了丑恶的帝国主义的鬼脸，他简直是一个高等的画家。他近年来站在无产阶级

①　鲁迅：《鲁迅全集》第一卷，人民文学出版社 2005 年版，第 170 页。

②　鲁迅：《鲁迅全集》第三卷，人民文学出版社 2005 年版，第 290 页。

与民族解放的立场，为真理与自由而斗争。"① 毛泽东所概括的集政治远见、斗争精神和牺牲精神于一身的鲁迅精神，实质上就是马克思的批判精神。这种精神被法国批判理论家阿尔都塞所认同。阿尔都塞指出，鲁迅以人民的名义作为反叛的知识分子和革命的知识分子对传统知识分子的语言和意识形态进行斗争，展现出独特、无情而鲜血淋漓的斗争形式。他认为："对于引导人们走向奴役和死亡的驯服，对于被人们歪曲为自由的驯服，对于作为老爷的知识分子们的虚假的中立性，鲁迅用自己悲怆的呼喊提出了抗议。"② 郭沫若从文学创作、学术研究和革命实践方面张扬着批判之精神。《凤凰涅槃》呐喊着："茫茫的宇宙，冷酷如铁！茫茫的宇宙，黑暗如漆！茫茫的宇宙，腥秽如血！"③ 郭沫若在 1929 年 9 月 20 日写就的《中国古代社会研究》之《自序》中明确提出具有马克思主义特征的批评精神。他针对胡适的《中国哲学史大纲》的"整理"模式加以批判："我们的'批判'有异于他们的'整理'。'整理'的究极目标是在'实事求是'，我们的'批判'精神是要在'实事中

---

① 毛泽东：《论鲁迅》，《人民日报》1981 年 9 月 22 日第 1 版。
② ［法］路易·阿尔都塞：《论鲁迅》，吴子枫译，《现代中文学刊》2014 年第 4 期。
③ 郭沫若：《郭沫若全集》文学编第一卷，人民文学出版社 1982 年版，第 36 页。

求其所以是'。'整理'的方法所能做到的是'知其然',我们的'批判'精神是要'知其所以然'。"① 郭沫若的学术与胡适的学术的差异是批判范式与整理范式之间的差异,是马克思主义与西方资本主义学术方法论的差异,是批判理论与传统理论的差异。

可以说,东方的批判精神为新世纪的批判理论注入了源源不断的活力。这是对传统的新发现与深度开掘,是新传统的建立。新传统不仅为新世纪的马克思主义批判理论提供肥沃的土壤,而且为批判理论注入新的内涵。由于新传统的融入,新世纪的批判理论毋庸置疑突破了西方中心主义之藩篱,从而成为真正意义上的世界性的理论形态。

四、新感性深化批判理论的品质内涵

感性是伦理实践和理性认知的基础,也是日常生活形成、社会生产展开的基础,更是资本运行和权力分配的基础。所以,批判理论始终关注感性。新现实产生新感性。感性是美学研究的核心命题。按照鲍姆嘉通的理解,美学是对人的感性完善的认知。人类的现实生活是物质的、感性的存在。但凡有人存在之处,就离不开感性。感性受制于物质和社会基础,具有历史性的限度。

---

① 郭沫若:《中国古代社会研究》,商务印书馆 2011 年版,第 4 页。

二十一世纪，人类感性发生新的演化，从而对审美领域产生重要影响，深化批判理论的品质内涵。

在现代美学诞生之前，感性并没有得到特别的重视。在一些理论家的著述中，与感性相关的问题被反复提及，但是通常被淹没在超感性的概念网络之中，处于价值等级的底层，被排除于价值体系之外，甚至被视为淫欲、邪恶、罪业。十八世纪中期以降，感性被赋予了美学学科之名。伊格尔顿指出："美学是作为有关身体的话语而诞生的。"[①] 身体感性获得独立自律之价值。不同的感性被挖掘出来，譬如马克思的劳动身体、尼采的权力身体、弗洛伊德的欲望身体。批判理论无疑回应着人的身体感性。马克思认为，人作为生命体是感性的存在者，感性是丰富的，也是历史积淀的，"五官感觉的形成是迄今为止全部世界历史的产物"。[②] 感性不是瞬间的唯一，它漂浮不定，缥缥缈缈，无法抓取。感性可以成为人的本质力量的确证，也可以成为人的本质力量对象化的载体。在二十世纪，身体感性成为批判理论的场域，从感性延伸到社会生活、资本累积、政治权力分配，既带来批判理论的活力，又深化了对文艺现象与文

---

① ［英］特里·伊格尔顿：《美学意识形态》，王杰、付德根、麦永雄译，中央编译出版社 2023 年版，第 3 页。

② 《马克思恩格斯文集》，人民出版社 2009 年版，第 191 页。

化实践的理解。

在新世纪，人类的身体感性发生了显著的变化。这种变化可以用马尔库塞所提出的新感性（new sensibility）概念来命名，但是又远远超越了他所涉及的内涵和语境。马尔库塞认为，新感性是摆脱了资本主义科学技术的奴役而带来的生活本能的提升，是生存水平的进化，超越侵略性和罪责，到达感性和理性的融合，是在遵循一种新的现实原则条件下所形成的"审美风尚"（aesthetic ethos）的创造，在想象力和理性能力、高雅机能和低级机能、诗性思维和科学思维之间对立不再有效："那时技巧变成艺术，艺术变成现实。"① 新感性与科学理性将会融合。在马尔库塞看来，新感性已经变成实践，在反抗暴力和剥削的斗争中，新的生活方式和形式得以建立，审美作为自由的社会的可能形式已经出现了，这样审美就成为社会生产力。马尔库塞的新感性具有乌托邦的审美救赎特征，为审美政治和艺术革命注入了积极的力量。但是，新世纪的新感性是现实的、客观的、集体性的。这是新世纪批判理论所要认真回应的。批判理论需要从新感性中汲取力量，新感性也需要新的批判理论来进行有效阐释。

---

① Herbert Marcuse, *An Essay on Liberation*, Boston: Beacon Press, 1969, p. 24.

新世纪的新感性是积极性与消极性并存的感性，是一个复杂而具有悖论的星丛。

第一，新感性是技术感性的主导与感性受技术控制的并存。二十一世纪，因为科学技术革命、数字技术、人工智能的推动，物质生产力与生产关系发生巨大的变化，人类感性也呈现出新特征。这种新特征迥异于传统感性。技术感性日益占据着人类感性的中心地位。事实上，人类感性的历史性嬗变受到技术的主导。在传统社会，技术水平有限，它常受制于人的感性能力，人的自发感性能力处于主导地位；在现代社会，技术革命日新月异，人的感性也随之更新，不断嬗变。蒸汽机带来的感性不同于电力带来的感性构建，后者又不同于电脑、新能源、新材料、空间、生物技术等科技革命所带来的感性；逮及新世纪，科学技术迅猛发展，深度渗透日常生活、社会制度和精神活动领域，感性呈现出革命性的变化，技术感性不仅常态化，而且形成日常生活的基础和社会无意识形式。这种新感性在一定意义上是人类新的体验方式和生存感受。由于技术本身的创新力量，激活了人自身的感性潜能，技术感性富有便捷性和审美性。譬如 2024 年年初出现的 Sora 技术无疑带来了人类感性的崭新时空感与灵动性，一个抽象的概念瞬间可以转变为视频图像的感性世界。由于技术的革命性突破，一切皆可感性化，这事实上是技术感性的普遍化与本体化。不过，这种技术感性从根本上来说受制于科学技术，它在赋予新体验的同时遭受着技术理性的钳制，甚至会导致感性被操纵和异化，还会瞬间毁灭人类感性，加速人类的身体伤害与生命损伤。因此，技术感性也意味着感性丧失之可能性。

第二，新感性是深度解放的感性与欲望化的感性的并存。在新世纪，人类的感性获得前所未有的解放。不仅以往被压抑的感性获得充分实现的机会，而且感性的全面性和丰富性不断实现。以往，视觉和听觉是人类的主要感性基础，它们更易于进入人类的精神与理性层面，从而享有感性之优越性。味觉、嗅觉、触觉带来的感性往往处于次要或边缘的地位。在新世纪，宇宙空间的实践、物质基础的嬗变、物质财富的富有、精神活动的深化、人的身体的洞察等因素颠覆了人类感性既定秩序与形式规则，有时味觉感性或身体触觉感性成为最高等级。即便是视觉和听觉，也在走向更为丰富和细微的层面。新世纪的感性具有鲜明的感觉性或感知性，这是感觉本身的解放，不完全受制于意识或精神或理性的支配。各种感觉本身的质感得到强调和激发，各种事物本身的气息味道，各种触摸的切实感受，各种食物的原味，各种颜色的质地，各种声音的音质，皆可以不断在人的感觉中建立密切的联系。但是，感性的解放也意味着走向本能化、欲望化的倾向，从而走向非人性的动物需要层面，人的感性的解放走向了反面。因此，感性的解放意味着感性堕落之可能。

第三，新感性是私密化感性与意识形态化感性的并存。在新世纪，感性获得充分自由的呈现，表现出个体化和私人化的特征。只要拥有网络和相关设备，一个人也可以独自在幽静的房间享受购物、社交、写作等生命活动，没有他者的打扰，甚至没有家人和朋友知晓，这种私人化的感性特征是极为普遍的。但是，这种私人化却具有鲜明的意识形态性，受制于政治、经济、伦理、法律意识形态，也无意识地受到审美或文化意识形态的影响。可以说，看似私人化的感性活动，实则蕴含着复杂幽微的意识形态性。与以往的感性政治和意识形态相比，感性与意识形态的关系在新时代更为微妙、隐蔽，更表现出无意识的特征。因此，感性的私密化意味着自由缺失之可能。

第四，新感性是全球化感性与杂糅性感性的并存。在新时代，跨文化交往成为人类社会生活的基本活动之一，你中有我，我中有你，不同文化的密切交往形成新感性。这种新感性具有全球性，是对话的产物，是共识性的表现，是人类感性或康德所说的"共通感"。这种全球化感性不是固定不变的，而是随着交往的深化而变化，随着时代和社会风尚而变化。同时，感性杂糅成为一个突出的现象。在同一个人身上，感性不是固定的，而是多维度的，可以具有不同的文化质性。一个既可以说汉语，也可以说德语，还可以说英语的人，事实上拥有三种语言所带来的文化感性，在听觉层面表现出不同语言言说的声音质地与感受。这种异质杂糅的感性，在二十一世纪是普遍的、世界的。因此，感性的全球化意味着感性异质并存的可能。

可以说，在二十一世纪，人类的感性不断获得新的形态和特征。倘若批判理论无视新感性，无法从新感性的分析中辨析社会的总体性和世界的总格局，那么它就没有批判性，也没有阐释力。相反，新世纪的批判理论通过研究新现实，融入新感性，努力寻找新感性的构建机制与知识生产、社会生产的内在逻辑，从而实现理论本身的更新。

综上所述，二十一世纪的批判理论是通过重新回到马克思的原初话语实现传统批判理论的转型，它要直面当代资本主义发展的新现实和中国特色社会主义建设的伟大实践，既面对新现实又从现实中汲取批判的力量，还要推动现实的可能性发展。它以人们对美好生活的向往为目标，对新感性进行深刻的诊断。这种批判理论是具有批判性和建构性的理论，是融合了中华文化中的批判精神和西方批判精神的全球性批判理论。

中共早期"中国化"文艺制度建设论*

何志钧

　　摘　要：在中共文艺制度建设的百年历程中，党的路线方针政策、文化管理体制和文艺机构社团组织建制、文艺政策与文艺检查管理规章制度、文艺评价与文艺批评体系规范、文艺教育与文艺人才培养机制以及文艺的生产传播消费设施和流程、规则等都是重要组成部分。马克思主义"中国化"是中共早期文艺制度建设的题中应有之义，中共文艺制度建设也显示了中国式现代化内在追求。从 1921 年中国共产党"一大"开始，中共文艺制度构架伴随着中共政党建设逐步形成，从中国革命和社会主义事业的大局和实际出发审视、定位、规划文艺制度，制定文艺政策的基本思路在 1921 年渐具雏形，并在日后进一步延展、完善。积极介入现代出版和传媒，尝试通过文学社团建设实现对文学事业的领导和管理是中共早期文艺制度建设中引人注目的重要内

　　* 基金项目：本文系国家社科基金重大项目"中国共产党文艺制度史研究"（21&ZD256）阶段性成果。

容。随着中华苏维埃政权的建立，文艺制度得以正式以政府法令法规形式和政府文化管理系统形式呈现，体系化、组织化的文艺制度为文艺事业的领导、文艺社团的组织、文艺政策的贯彻、文艺教育的落实奠定了制度基础。中共早期"中国化"文艺制度建设显示了马克思主义经典作家的探索成果、苏俄和列宁主义研究成果与实践经验教训、日本马克思主义研究成果的译介传播和启发、中国传统与中国国情的复杂影响形成的综合效应。

关键词：文艺制度；马克思主义；中国化

作者简介：何志钧，男，文学博士，南昌大学人文学院教授。[电子邮箱：hzhj1971@163.com]

On the Sinicization of the Construction of Literature and Art System in the Early Period of CPC

He Zhijun

Abstract：In the course of the hundred-year construction of the CPC's literature and art system，the party's lines，principles and policies，the cultural management system and formation system of literature and art organizations, the policies and regulations of literature and art censorship and organization, the norms of literature and art evaluation and criticism system, the mechanism of literature and art education and talent training, as well as the facilities, processes and rules of producing, disseminating and consuming literature and art, are all important components of the system construction of literature and art. The "Sinicization" of Marxism should be included in the construction of the early CPC's literature and art system. Since the first Congress of CPC in 1921, the system of literature and art focusing on literature and art propaganda has been taking shape along with the construction of the CPC as a political party. The basic approach of making the policy of literature and art, from the overall situation and reality of the Chinese Revolution and socialist, has been continued since 1921, which examines, orientates and plans the system of literature and art showing the inner pursuit of Chinese-style modernization in the construction of the CPC's literature and art system. Active involvement in modern publishing and media, and trying to achieve the leadership and management of literary undertakings through the construction of literary societies, is an important aspect of the early construction of the CPC's literature and art system. With the establishment of the Chinese Soviet regime, the system of literature and art was formally presented in the form of government decrees and regulations as well as government cultural management system. The systematic and organized system of literature and art laid a institutional foundation for the leadership of literature and art cause, the organization of literature and art associations, the implementation of literature and art policies and the execution of literature and art education. The "Sinicization" of the construction of the literature and art system in the early years of the CPC is a comprehensive effect of the exploration achievements of the classical Marxist writers, the research results and practical lessons of the Soviet Russia and Leninism, the translation, dissemination and enlightenment of the research findings of Japanese Marxism, and the composite impact of the complex influences of Chinese tradition and Chinese conditions.

Keywords: literature and art system; Marxism; Sinicization

Author：He Zhijun，male，Doctor of literature，professor of School of Humanities，Nanchang University.〔Email：hzhj1971@163.com〕

马克思主义的"中国化"和中国式现代化是中共百年文艺制度建设的题中应有之义。从中国革命和中国社会主义事业的大局和实际出发审视、定位、规划文艺制度，制定文艺政策的基本思路在 1921 年渐具雏形，并在日后进一步延展、完善。中国共产党百年文艺实践、文艺制度建设的历史和马克思主义的"中国化"历程、马克思主义文艺理论在中国的传播、发展历程，更是内在关联、不可分割的。将中共百年文艺制度建设和马克思主义"中国化"结合起来进行考察，探究中共早期"中国化"文艺制度建设的状况，有助于更深入地理解中共文艺制度建设的内在逻辑，促进当代文艺制度建设良性发展。

一、文艺制度的三层位与"中国化"的三维度

一般来说，所谓文艺制度往往包括外、中、内三个层位。文艺制度不是孤立的、自足的，而总是与政治制度、经济制度、军事制度、法律制度等内在关联的，由于这种联动作用，社会建制、社会组织、社会关系都会

不同程度地影响文艺制度，如一定时代的政治制度、人才选拔制度、知识产权制度、文化教育制度等都深刻影响和塑造着这一时代的文艺制度。这些制度中和文艺有较明显关联的部分构成了外层位的文艺制度。直接影响和制约着文艺生产、流通、传播、消费的各种制度设施则构成了中层位的文艺制度。如出版发行制度、文化宣传审查制度、大众传媒与文艺社团的组织管理制度、文艺基金管理制度、文艺评奖制度等。相比于从外围间接作用于文学的外层位的文艺制度和直接作用于文学的中层位的文艺制度，内层位的文艺制度则显得更为微观、具体，诸如文艺作品的编辑与发表、展出与放映过程中的改稿把关、制作流程、遴选机制，乃至文艺传统与惯例和流行的审美趣味的制约、文体格式的具体规定、文艺批评的开展、文艺思潮与文艺流派的竞争、文艺传播平台的准入与淘汰等。一般来说，三层位文艺制度总是相互照应、息息相关的。每个时代的文艺制度往往既扩充于外层文艺制度，又据实于中层文艺制度，终归趣于内层文艺制度。① 三个层位的文艺制度既可呈现为"物态化"的实体，如体制、建制、设施、组织、社团等，也可以呈现为比较"虚化"的方针、政策、措施、规定

---

① 参见饶龙隼：《中国古代文学制度论纲》，《学术研究》2019 年第4 期。

及文化传统和文化惯例。① 它们都是保障文艺实践生成、运行、发展的必要条件和基础，往往相互支撑、相互策动、相互转化，构成一个自调节、自运行的统一协调的精密系统。

在中共文艺制度建设的百年历程中，党的路线方针政策和文化信念、文化管理体制和文艺机构、社团组织建制、文艺政策与文艺检查、管理规章制度、文艺评价与文艺批评体系规范、文艺教育与文艺人才培养机制以及文艺的生产传播消费设施和流程、规则等都是文艺制度建设中的重要组成部分，都不可忽视。

中共百年文艺制度建设特别是早期文艺制度建设不是关起门来孤立进行的，而是深受马克思、恩格斯、列宁等人理论的影响，积极借鉴俄国革命和建设中文艺制度建设的经验，并结合中国国情和革命需要不断尝试、探索、完善、创新的结果。这一建设历程与马克思主义的"中国化"和中国式现代化探索的逻辑展开息息相关，中国式现代化和马克思主义的"中国化"是中共百年文艺制度建设的题中应有之义。

毛泽东明确倡导"马克思主义中国化"是在 1938 年 10 月，对于应把马克思主义基本原理与中国革命实

---

① 参见张利群：《论文艺制度的构成要素》，《广西师范学院学报》2005 年第 2 期。

际相结合,实现马克思主义理论的"中国化",毛泽东在《论新阶段》《新民主主义的政治与新民主主义的文化》和中共六届六中全会报告中进行了明确论述。其中《论新阶段》中的论述最为经典,被广为征引:

> 一般地说,一切有相当研究能力的共产党员,都要研究马克思、恩格斯、列宁、斯大林的理论,都要研究我们民族的历史,都要研究当前运动的情况与趋势;……没有抽象的马克思主义,只有具体的马克思主义。所谓具体的马克思主义,就是通过民族形式的马克思主义,就是把马克思主义应用到中国具体环境的具体斗争中去,而不是抽象地应用它。成为伟大中华民族之一部分而与这个民族血肉相联的共产党员,离开中国特点来谈马克思主义,只是抽象的空洞的马克思主义。因此,马克思主义的中国化,使之在其每一表现中带着中国的特性,即是说,按照中国的特点去应用它,成为全党亟待了解并亟须解决的问题。洋八股必须废止,空洞抽象的调头必须少唱,教条主义必须休息,而代替之以新鲜活泼的、为中国老百姓所喜闻乐见的中国作风与中国气派。①

① 毛泽东:《论新阶段》,《解放》1938 年第 57 期,第 36—37 页。

在此前后，文艺界也出现了关于文艺"中国化"的讨论，产出了一批相关文章。如郁华的《中国化与文学》、史枚的《戏剧节与戏剧中国化》、黄药眠的《文艺上之中国化和大众化问题》、艾芜的《略谈文艺大众化、中国化及民族形式》《从文艺史实来看文艺中国化》、黎焚薰的《形式的"中国化"问题》、列车的《中国化与新诗》、王瑶的《"大众化"与"中国化"》、穆木天的《欧化与中国化》，等等。文艺界抗敌协会桂林分会还于1939年10月28日召开了"文艺上中国化与大众化问题"座谈会。1939年2月陈伯达、艾思奇、周扬等也发起了关于文艺民族形式的讨论。①

马克思主义"中国化"是长期以来学界研究的焦点问题，对此诸多学者多有论及，并逐渐认识到应从本质论、价值论、方法论这三个维度去理解马克思主义"中国化"这一特定概念的限定性内涵，即马克思主义"中国化"就其本质而言是一个反思性、纠偏性的议题，作为一种肯定性的价值判断，它意在总结、弘扬、引进、学习、践行马克思主义理论中成功、积极的方面，它重视把马克思主义原理与中国革命、建设的实际有机结合

---

① 杜吉刚：《文艺民族形式讨论与马克思主义中国化讨论的三项错位》，《华中学术》2021年第1期。

的一切行之有效的路径与方法。①

二、中共早期"中国化"文艺制度建设的形态

中国共产党文艺制度建设百年进程的起点与中国共产党建党百年历史的起点是重合的。这当然不是说组织化和体制化的文艺制度从 1921 年就确立了，而是说从理念和定位上来看，1921 年是一个起点。1921 年中国共产党成立时就明确了党的宗旨、纲领、奋斗目标和政治经济文化追求，形成了包括对中国革命性质与革命动力的分析、党的宣传工作组织制度设计在内的纲领性文件，从那时起宣传工作就被视为党的基础工作，党的文艺制度建设的基本架构也是从那时起开始形成的。

1921 年 7 月，中国共产党第一次全国代表大会通过的《中国共产党的第一个决议》对党的宣传工作高度重视，"工人组织""宣传""工人学校""工会组织的研究机构"并列呈现，宣传工作处于显要位置。该决议指出："一切书籍、日报、标语和传单的出版工作，均应受中央执行委员会或临时中央执行委员会的监督"，"每个地方组织均有权出版地方通报、日报、周刊、传单和

---

① 参见杜吉刚、叶雯：《试析"中国化"概念内涵的三个层面》，《南昌大学学报》（人文社会科学版）2016 年第 6 期。

通告""不论中央或地方出版的一切出版物，其出版工作均应受党员的领导。任何出版物，无论是中央的或地方的，都不得刊登违背党的原则、政策或决议的文章"。① 而文艺在党的宣传工作中始终具有重要作用，基于文艺宣传这一重心展开的文艺制度构架由此伴随着中共政党建设开始形成，这些文艺制度建设的思路、原则在日后也得到了承继。上海共产主义小组成立后将《新青年》作为自己的机关刊物，1923 年 6 月《新青年》成为中国共产党中央机关理论刊物。此外，《向导》《中国青年》《先锋》等刊物也逐渐创办，这些刊物通过刊发包括文艺作品在内的多种形式的文章积极宣传党的政策主张，教育群众，发动群众。足见中共文艺制度建设从一开始就是服从于党的根本任务的，对文艺制度的定位是从党的根本任务决定党的宣传工作的原则和方式的角度推导出的。党的"一大"前后形成了党的文艺制度的雏形，具有初创之功，这为日后中国共产党文艺制度建设的逐步开展和不断调整、深化、完善奠定了基础。

众所周知，中国共产党是在马克思列宁主义思想的深刻影响和"共产国际"与俄共的直接帮助下建立的，

① 中国社会科学院现代史研究室、中国革命博物馆党史研究室编：《中国现代革命史资料丛刊"一大"前后：中国共产党第一次代表大会前后资料选编》（一），人民出版社 1980 年版，第 12—13 页。

在此后长达 21 年的时间里也是作为共产国际的一个支部存在的。《中国共产党的第一个决议》无论是在坚持党对宣传文艺工作的领导、严明的组织纪律上，还是要求宣传服务于党的中心任务、阐明党的主张、唤醒群众的革命意识上，都和列宁的《党的组织和党的出版物》等著述中表达的观点遥相呼应，和"共产国际"、俄共的主张高度一致。党的"一大"通过的《中国共产党的第一个纲领》将"联合第三国际"列入党的纲领①，《中国共产党的第一个决议》也明文规定"党中央委员会每月应向第三国际提出报告"②，可见，中国共产党文艺制度建设从一开始就和马克思列宁主义建党原则的贯彻、"共产国际"的指导是分不开的，是以苏联的文艺制度为模板建立起来的，同时又要切合中国社会的现实和革命的需求，由此形成了一种新型的马克思列宁主义指导下的文艺制度，是马克思主义"中国化"的重要表现形式。

这一制度建设并非一蹴而就，也非突兀而来，而是

---

① 中国社会科学院现代史研究室、中国革命博物馆党史研究室编：《中国现代革命资料丛刊"一大"前后：中国共产党第一次代表大会前后资料选编》（一），人民出版社 1980 年版，第 9 页。

② 中国社会科学院现代史研究室、中国革命博物馆党史研究室编：《中国现代革命资料丛刊"一大"前后：中国共产党第一次代表大会前后资料选编》（一），人民出版社 1980 年版，第 14 页。

有其思想基础和实践基础的。早在 1897 年，随着中东铁路正式动工，俄国社会民主工党就开始沿着中东铁路宣传马克思主义，这条连接马克思主义实践地、列宁主义诞生地苏俄的中东铁路成了马克思列宁主义输入中国的红色之路。十月革命胜利后，约有 4 万旅俄华工经中东铁路陆续回国，带回了《旅俄华工大同报》《华工醒世报》等进步报刊和大量有关十月革命的书籍，促进了马列主义的传播。《国际歌》也是从哈尔滨开始在中国大地上广为传唱的。1920 年，瞿秋白以《晨报》记者身份途经哈尔滨赴苏联考察时第一次听到《国际歌》，遂将其翻译成了中文。中东铁路的红色交通线还曾护送陈独秀、李大钊、瞿秋白、周恩来等人参加共产国际第四次、第五次代表大会和中共六大。[①] 正是借由这条红色铁路传播到中国的马克思列宁主义思想和由日本学者译介、撰写的介绍、评析欧洲社会主义和马克思主义的著作和文章打开的新世界，使李大钊、陈独秀等人较早接触到了马克思列宁主义。[②] 在俄国革命和马克思列宁主义思想的感召下，李大钊、陈独秀等人开始运用马克思

---

① 曹学娜：《中东铁路开启马列主义在中国的早期传播之路》，《学习时报》2021 年 11 月 5 日。

② ［美］莫里斯·迈纳斯：《李大钊与中国马克思主义的起源》，中共北京市委党史研究室编译组译，中共党史资料出版社 1989 年版，第 62 页。

列宁主义理论分析中国社会问题。1918 年前后李大钊发表了《法俄革命之比较观》《布尔什维主义的胜利》等多篇宣传俄国革命和马克思主义的文章。在其 1919 年 2 月 20—23 日刊载于《晨报》副刊的《青年与农村》一文中,李大钊指出:"要想把现代的新文明,从根底输入到社会里面,非把知识阶级与劳工阶级打成一气不可。"① "农村的教育机关,不完不备","我们青年应该到农村里去,拿出当年俄罗斯青年在俄罗斯农村宣传运动的精神,来作些开发农村的事,是万不容缓的"。② 陈独秀主办的《新青年》1919 年 12 月发布的《新青年宣言》也宣称要"创造政治上、道德上、经济上的新观念,树立新时代的精神",主张"民众运动社会改造"。③ 包括他们在内的民主主义革命阵营中的有识之士也逐渐形成共识,认为文艺应直面现实,介入社会生活,文艺工作者应投身于实际的革命斗争。李大钊发表了《什么是新文学》《俄罗斯文学与革命》《俄罗斯革命之远因近因》等文章宣传歌颂俄国革命和俄罗斯文学,在他看

① 李大钊:《青年与农村》,王晓明、周展安编《中国现代思想文选》(下),上海书店出版社 2013 年版,第 266 页。

② 李大钊:《青年与农村》,王晓明、周展安编《中国现代思想文选》(下),上海书店出版社 2013 年版,第 267 页。

③ 陈独秀:《吾人最后之觉悟》题记,王晓明、周展安编《中国现代思想文选》(上),上海书店出版社 2013 年版,第 172 页。

来，中国应有一种新的平民文学，如俄罗斯文学一样成为沉夜黑暗中的一线光辉，成为自由之警钟和革命之先声。鲁迅、邓中夏、沈泽民等人也都主张新诗人须从事革命的实际活动，走到无产阶级里面去，了解无产阶级的生活和情感。[①] 正是在这种共识基础上，党在初创时就在其各种纲领或决议中鲜明地阐述了宣传文艺为无产阶级革命服务这一主张，为党的文艺制度建设奠定了基础。

对现代出版、传媒的积极介入是中国共产党早期文艺制度建设中引人注目的重要方面。中国共产党早期党员中不乏知识分子，也不乏媒体人，陈独秀、瞿秋白、陈望道等人在和大众传媒打交道方面都很有经验。他们对大众传媒在文艺制度建设中的重要作用有着清醒认识，始终高度重视利用传媒宣传党的政策主张，发动群众。这既与当时中国共产党争取话语权的宣传工作需要和面对的传媒发展状况有关，也与列宁和苏俄对新闻出版业和党的宣传工作的高度重视一脉相承，还与马克思丰富的报业经验、《莱茵报》《新莱茵报》运营期间显现出的办报思路形成了一种独特的悠远呼应。中国共产党

---

① 北京大学、北京师范大学、北京师范学院中文系中国现代文学教研室主编：《文学运动史料选》第 1 册，上海教育出版社 1979 年版，第 396－407 页。

成立之初，除了办有《新青年》《向导》《中国青年》《先锋》等刊物，还积极介入当时的出版业，创立新青年社、人民出版社、上海书店、长江书店等出版、发行机构，出版图书计有马克思全书2种、列宁全书5种、康民尼斯特丛书5种，共12种各3000份，并对现代出版、传媒有意识地进行政党政治框架的实践性运作。这是中国共产党通过出版活动参与文化和文艺现实的开始。在中国共产党早期的出版、发行机构中，上海书店比较典型。它是党组织委托徐白民负责筹备和主持，于1923年11月1日在上海成立的，到1926年2月被军阀孙传芳封闭为止，这期间党的所有对外宣传刊物都在这里印行，还曾出版蒋光慈的《新梦》。上海书店成立时曾在1923年11月20日出版的《新建设》上刊登开幕启事，声称："我们要想在中国文化运动史上尽一部分责任，所以开设这一个小小的书铺子。"① 无独有偶，在20世纪40年代，东北局领导下的东北解放区也高度重视建设强大有效的思想宣传阵地。东北局于1945年11月创办了机关报《东北日报》，先后创办发行报纸近百种和《部队文艺》《东北文艺》《人民戏剧》《群众文艺》《东北画报》等文艺刊物几十种，出资创办了东北书店

---

① 何平、朱晓进：《论中国共产党文艺制度的起源》，《南京师范大学学报》（社会科学版）2006年第4期。

总店以及光华书店、大连大众书店、辽东建国书店、吉东书店、辽西书店等众多图书出版机构，出版了大量政治读物、教材、报纸杂志和茅盾、鲁迅、曹禺、赵树理等人的文学作品，还接收改造了前身是日伪1937年建立的"株式会社满洲映画协会"的东北电影公司，在此基础上建设成了东北民主联军总司令部东北电影公司，拍摄了大量红色电影，将之转化成了新中国电影的摇篮。经过这一系列努力，昔日文化贫瘠的东北地区迎来了文艺的空前繁荣，为党在东北地区赢得文化领导权和舆论权、改造思想舆情、建构意识形态话语奠定了坚实基础。①

　　文艺制度建设离不开文艺社团和文艺创作者共同体。1930年3月2日在上海正式成立的"中国左翼作家联盟"（简称"左联"）既是一个左翼文人社团，更是党尝试通过文学社团建设实现对文学事业的领导和管理，将文学实践纳入无产阶级革命事业大系统的主动作为和重要尝试。"左联"有明确的理论纲领、行动纲领和工作方针，从理论研究到文学创作，从书刊出版到人才培养，均有涉及，它为日后的"陕甘宁边区文化界救亡协会"、"文艺月会"、鲁迅艺术学院以及新中国成立后的

---

　　① 逄增玉：《东北解放区文学制度生成及其对当代文学制度的预制》，《文学评论》2017年第4期。

中国文联、中国作协及中央文学研究所、中国作协文学
讲习所等文艺社团和机构的建立、运转积累了宝贵经
验，也形成了历史承传关系。"左联"引领的文艺大众
化运动也为形成无产阶级文化领导权、促进党的文艺制
度建设积累了宝贵经验。"党对上海革命文化界特别是
'左联'的领导，主要是借鉴了马克思主义的文艺思想、
文艺理论和苏联党的若干具体政策和作法进行的。"① 20
世纪20—30年代是中共文艺制度建设的重要时期，而
这一时期也正是马克思主义著作在中国大规模译介、传
播的时期。据朱辉军、育民等学者的梳理、统计，截至
20世纪30年代中期，10年间，列宁的《列·尼·托尔
斯泰和现代工人运动》（郑超麟译）、《列·尼·托尔
斯泰和他的时代》（陈淑君译）、《托尔斯泰——俄国革命
的一面镜子》（嘉生译）、《党的组织和党的出版物》（冯
乃超、冯雪峰译）、《列宁回忆录》（韩起译）、《政治经
济学批判导言（片断）》（冯雪峰译）、《马克思论出版的
自由与检阅》（冯雪峰译）、《神圣家族·第五章》（程始
仁编译）、《1857－1858年经济学手稿》（冯雪峰译）、
《诗歌和散文中的德国社会主义》（剑青节译）、《致哈克
奈斯女士信》（陆侃如译）、《与敏娜·考茨基论倾向文

---

① 育民：《略论党的文艺政策的孕育》，《广西师范学院学报》1995
年第3期。

学》（胡风译）、《致保·恩格斯特》（易萌译）、《马·恩分致拉萨尔信》（易卓译）等马克思、恩格斯、列宁的主要文艺思想及其论著均已中译，拉法格、梅林、普列汉诺夫、卢那察尔斯基等的著作也陆续中译，其中涉及文艺与革命的关系、无产阶级文艺的服务对象与功能、作家创作与世界观的关系等论述，对毛泽东、鲁迅、冯雪峰、茅盾等人的文艺观都产生了影响。[①] 在左翼文艺运动中和之后的中央苏区文艺实践中，中国革命文艺实践的现实问题有力促进了马克思主义基本原理与中国文艺实际的结合。

20 世纪 20—30 年代党的文艺制度建设发展历程中，具有里程碑意义的事件是中华苏维埃共和国临时中央政府的成立。随着中华苏维埃政权的建立，文艺制度得以正式以政府法令法规形式和政府文化管理系统形式呈现，这是前所未有的。文艺制度建设和任何制度建设一样，与国家政权、社会文化管理和文化领导权息息相关，需要政权力量的有效支撑和行政体系的充分保障。随着中华苏维埃共和国临时中央政府的成立，组织化、科层化的政府部门、机构也相应设立，在主管文化教育工作的中央教育人民委员部之下设有初等教育局、高等

---

① 育民：《略论党的文艺政策的孕育》，《广西师范学院学报》1995 年第 3 期。

教育局、社会教育局、艺术局、编审局、巡视委员会。省、县、区也相应设置教育部,内部相应设有普通教育科、社会教育科。其中社会教育科主管各种俱乐部、地方报纸、书报阅览所、革命博物馆及巡回演讲。此外,中华苏维埃共和国临时中央政府还于 1934 年 4 月颁布了《俱乐部纲要》,通过俱乐部这一苏维埃社会教育的重要组织形式组织群众、动员群众。这一体系化、组织化的文艺制度为文艺事业的领导、文艺社团的组织、文艺政策的贯彻、文艺教育的落实奠定了制度基础。苏区的军队也通过政治部、宣传队、士兵会、识字班、俱乐部、列宁室、短训班等组织形式开展文艺活动,进行宣传教育。囿于当时复杂严峻的形势,中央苏区的文艺制度建设更多服务于革命政权巩固,偏重政治宣传,缺少市场和消费系统,没有引入商业竞争机制,更多采取垂直型架构,形成强控制的封闭性系统,组织严密,传导快捷,执行力很强。这一文艺制度架构既学习、借鉴了苏俄的文艺制度建设经验,也照应了中央苏区的特殊境遇。中央苏区的文艺制度建设思路、经验在日后的陕甘宁边区、东北解放区乃至新中国的文艺制度建设中也得到了延续。1949 年新中国成立后,国家政治体制、文化体制的设计也内在包含了对国家与民族精神、时代精神、社会主义核心价值观塑造与涵养的体制机制的考量。文艺在新生的中华人民共和国政治文化生活中有着举足轻重的地位和作用。

足见，1921 年以来，特别是中央苏区和日后的陕甘宁边区、东北解放区的文艺制度建设经验，为新中国的人民政府管理文艺，因势利导，通过文艺鼓舞、引导人民群众投身革命和建设事业，进行社会主义的精神文明建设提供了基础性的模型和参照系。

三、中共早期文艺制度建设的"中国化"综合效应

中共早期"中国化"文艺制度建设可谓马克思主义经典作家的探索成果、苏俄和列宁主义研究成果和实践经验教训、日本马克思主义研究成果的译介传播和启发、中国传统与中国国情的复杂影响综合形成的成果；是中国共产党人立足本国本党文艺发展具体状况，将马克思主义文艺观与中国革命文艺实践自觉结合的结果。马克思主义经典作家的思想和实践对苏俄革命和中国革命的影响对于中国民众来说早已耳熟能详。如前所述，中东铁路开启了马克思列宁主义在中国的早期传播之路，对于 20 世纪初的中国知识分子来说，马克思主义似乎是借由对列宁和苏俄革命的影响而更多地为中国人所了解的。例如李大钊在其《布尔什维主义的胜利》中就将俄国布尔什维主义视为"德国马克思社会主义"的继承者。他盛赞这一社会主义的胜利、世界劳工阶级的

胜利。① 与马克思、恩格斯相比，列宁和俄国革命对中国革命更为切近，俄国的国情和中国的国情有着更多类似之处，俄国革命和列宁主义"给予中国人民的指导更具有可操作性。自 1921 年 1 月 21 日列宁去世，纪念列宁的生辰忌日成为中共纪念活动的重要内容，并且在纪念活动的规模和影响上超过了对马恩的纪念"②。马克思列宁主义对中共文艺制度建设的影响在最初也同样存在这种传导和叠合状况。

值得注意的是，和马克思列宁主义的影响相比，近现代日本马克思主义研究在中共早期"中国化"文艺制度建设中起到的作用却常常被忽视。实际上，日本学者对欧洲社会主义和马克思主义的译介、研究对中共早期文艺制度建设也曾产生独特的影响。日本是 20 世纪初在中国传播的马克思主义文献的主要来源。早在 1905 年，在旅日的中国学生和流亡的革命者中，马克思主义就已经开始传播。1908 年，《共产党宣言》第一章和恩格斯为该书撰写的序言的译文、恩格斯的《家庭、私有制和国家的起源》的第二章译文也已经在他们中流传。

---

① ［美］莫里斯·迈纳斯：《李大钊与中国马克思主义的起源》，中共北京市委党史研究室编译组译，中共党史资料出版社 1989 年版，第 74 页。

② 童小彪：《中国共产党纪念活动与马克思主义中国化》，中国社会科学出版社 2010 年版，第 85 页。

1912 年，上海的《新世界》杂志也刊登了恩格斯的《社会主义：从空想到科学》译文。[①] 1916 年年初，李大钊在日本接触到了马克思主义政治经济学，他认真学习，并研读了河上肇研究马克思主义的著作。[②] 李大钊发表在《新青年》的《我的马克思主义观》就以河上肇的《马克思的〈资本论〉》为主要参考文献，而杨匏安发表在《青年周刊》的《马克思主义浅说》则主要参考了堺利彦对《〈政治经济学批判〉序言》的翻译与解读。此外，很多相关汉语词汇最早也来自日本，如马克思、主义、哲学、革命、同志、妇女等。[③] 日本马克思主义对中共早期文艺制度建设的重要意义不仅在于马克思主义学说的较早传播，还在于日本早期马克思主义研究者有其独特性，他们既受到马克思主义学说的影响，又受到阳明心学和汉文化的影响。阳明心学在日本近代思想界有着很大影响，三木清、幸德秋水、河上肇等日本早期马克思主义研究者年少时曾在汉学塾、游焉义塾等受过

---

① ［美］莫里斯·迈纳斯：《李大钊与中国马克思主义的起源》，中共北京市委党史研究室编译组译，中共党史资料出版社 1989 年版，第 58－60 页。

② ［美］莫里斯·迈纳斯：《李大钊与中国马克思主义的起源》，中共北京市委党史研究室编译组译，中共党史资料出版社 1989 年版，第 62 页。

③ 李萍、林美茂、臧峰宇等：《日本马克思主义研究问题探讨》，《日本学刊》2017 年第 5 期。

教育，在一定程度上受到阳明心学影响。例如，从三木清对"行为的哲学"的阐释中可见"知行合一"思想的印记，幸德秋水将政治理想寄望于"志士仁人"，河上肇受到认同阳明心学的吉田松阴"文人经世"精神的启示而由文学转学法学。因此中日文化的相互传播、交相影响对于马克思主义学说经由日本影响到李大钊等人产生的叠合效应，与马克思主义从苏俄和欧美传入中国影响到早期中共知识分子有很大不同。由于同处汉文化圈，日本马克思主义著述也比欧美的马克思主义著述更贴近中国的社会生活。① 马克思主义学说经由这些日本学者的研究、转述，进而影响早期中共知识分子，在潜隐的层位上势必存在中国传统文化心理、汉文化圈文化旨趣与马克思主义学说的互渗互生，使"马克思主义中国化"变得更为复杂。这也启发我们高度重视和更深入地探究中共百年外、中、内三层位文艺制度建设与中外文化制度、文化传统、文化资源的复杂互动关系。

列宁曾说："没有革命的理论，就不会有革命的运动。"② 马克思、恩格斯、列宁等马克思主义理论家关于人类解放、革命、文艺关系的思想和文艺制度建设的相

---

① 李萍、林美茂、臧峰宇等：《日本马克思主义研究问题探讨》，《日本学刊》2017 年第 5 期。

② 《列宁选集》（第 1 卷），人民出版社 1972 年版，第 241 页。

关思考、构想、论述、探索，对于构筑中国社会主义文艺制度和促进文艺制度建设良性发展是非常重要的。在文艺政策制定上，来自马克思、恩格斯、列宁的政治本位文论话语、视角在中共百年文艺制度建设中产生了深远的影响，不仅设定了基本的价值判断和评价标准，而且提供了基本的方法和策略，构成了中共文艺政策制定的基本依据。特别是列宁关于党的宣传文化政策和文艺制度的基本构想深刻影响了中共早期文艺制度建设的思路。在延安文艺座谈会上的讲话中，毛泽东指出"党的文艺工作，在党的整个革命工作中的位置，是已经确定了的，摆好了的；是服从党在一定革命时期内所规定的革命任务的"[①]。这与列宁的见解是高度一致的。但这并不意味着无视中国革命和建设的独特情况、中国文艺制度建设的具体状况，只是教条式地搬用、套用经典理论。列宁曾指出："在分析任何一个社会问题时，马克思主义理论的绝对要求，就是要把问题提到一定的历史范围之内；……要估计到在同一历史时代这个国家不同于其他各国的具体特点。"[②] 毛泽东在《论新阶段》中论述"马克思主义的中国化"时也反复强调要研究我们民族的历史，要研究当前运动的情况与趋势，要把马克思

---

① 《毛泽东选集》（第 3 卷），人民出版社 1991 年版，第 86 页。
② 《列宁选集》（第 2 卷），人民出版社 1995 年版，第 375 页。

主义应用到中国具体环境的具体斗争中去，而不是抽象
地应用它。① 纵观中国共产党百年文艺实践和文艺制度
建设的历史，思想政治工作引领是贯穿中国革命、建
设、改革与复兴伟业的"生命线"，显示出马克思主义
政党的本色和一贯的思路。百年来，针对不同历史时期
的不同形势，党总是实事求是，因时因地因势施策，确
立不同时期、不同境遇的宣传思想工作的方针政策，制
定和颁布一系列文艺管理的文件，服务不同时期党和国
家的中心任务，这也彰显了中共文艺制度建设的中国式
现代化内在追求。

任何文艺制度要落到实处，避免空转，都需要借助
制度建设的主体。在文艺制度建设的主体建设和保障方
面，中共的文艺制度建设有其得天独厚的优势。费正清
曾指出："中国共产党的奠基的一代人，基本上都是知
识分子，只有极少数是工人阶级出身的。在另一方面，
他们中的多数人至少是读过中学的，虽然没有搞学术研
究的学者。中国共产党选拔了不少知识分子到领导层中
去，它的历史作用是把普通人民带到政治中去。中共的
结构保证了中央领导权，同时由党组织按照它的利益动

---

① 毛泽东：《论新阶段》，《解放》1938 年第 57 期，第 36－37 页。

员劳动群众进行阶级斗争。"① 中共文艺制度建设的成功之处同样不仅在于理念先进、注重思想建党和占领意识形态领域的制高点，更在于与民众息息相通，高度组织化，可操作性强，借助紧密、高效的组织体系特别是富有凝聚力和执行力的基层组织，能够顺畅、有效地将党的要求传递到基层，事无巨细地融入到人民中。实践上能立竿见影，文艺理念与文艺实践贯通联动，执行力强。"中国共产党文艺制度在 1929 年的完型，不仅体现在政策制定、制度想象和机构设置上，而且体现在迅速地把自己的制度和想象推进到文艺的实践层面。"而"国民党的体制化和制度化匮乏向民间、基层渗透的力量，这样无根化的体制和制度在具体运作过程中往往流于空转"②。在中共早期"中国化"文艺制度建设的探索中，党通过核心作家和文艺社团，发挥文艺领域统一战线的作用，团结党外作家、知识分子、普通市民的做法也值得重视。文艺领域中的统一战线也是党的文艺制度建设的一个创举，从 20 世纪 20 年代到 40 年代，党对党外知识分子、文艺工作者的团结、尊重具有一贯性。20世纪 40 年代中后期共产党的团结作家政策更作为一种

---

① ［美］费正清：《伟大的中国革命》，刘尊棋译，世界知识出版社 2000 年版，第 250 页。

② 何平、朱晓进：《论中国共产党文艺制度的起源》，《南京师范大学学报》（社会科学版）2006 年第 4 期。

"人才机制"打通了非左翼作家接近、熟悉、了解"人民文艺"的通道，争取他们积极参与到新文艺体制的建构过程中，为新政权奠定了人才基础。[①] 毛泽东在延安文艺座谈会上的讲话中指出城市小资产阶级劳动群众和知识分子是革命的同盟者，并具体论述了文艺界统一战线问题，指出小资产阶级文艺家是重要的力量，号召党的文艺工作者团结党外的文学家艺术家，结成统一战线。[②] 新中国成立后，这一统一战线思路也一直得到延续。

如前所述，文艺制度建设涉及众多方面，从宏观的文艺发展的路线方针政策，到具体的文化宣传审查制度、出版发行制度，从大众传媒与文艺社团的组织管理制度、文艺评奖制度，到刊物的编辑发表规则、作家的稿酬规定、演员的职称评定，莫不在其中。中共早期文艺制度建设虽对以上各方面皆有涉及，但和新中国成立后日趋全面、成熟的文艺制度建设不可同日而语。本文并未对中共早期文艺制度建设涉及的各个方面进行一览无余的梳理、阐述，而是仅仅聚焦于中共早期文艺制度

---

① 章涛：《"人民文艺"的生成：1940 年代末共产党的团结作家政策与其"边界"问题》，《浙江社会科学》2018 年第 5 期。

② 《毛泽东选集》（第 3 卷），人民出版社 1991 年版，第 855 页、第 867 页。

建设的"中国化"问题，意在探究中共早期文艺制度建设过程中显现的将马克思主义与中国文艺发展实际、中国革命文艺建设需求有机结合的自觉意识、有益成果。毛泽东曾指出"自从中国人学会了马克思列宁主义以后，中国人在精神上就由被动转入主动。从这时起，近代世界历史上那种看不起中国人，看不起中国文化的时代应当完结了。伟大的胜利的中国人民解放战争和人民大革命，已经复兴了并正在复兴着伟大的中国人民的文化。这种中国人民的文化，就其精神方面来说，已经超过了整个资本主义的世界"。① 足见中共早期文艺制度建设也是百年来中国式现代化文化建设的有机组成部分，中国式现代化的内在追求正是百年来中共文艺制度建设和中华文化复兴的内核。

---

① 《毛泽东选集》第 4 卷，人民出版社 1991 年版，第 1516 页。

艺术、技术、工业社会与乌托邦

——论伊凡·斯维塔克的社会批判诗学

李慧文

摘　要：在群星璀璨的东欧新马克思主义理论家中，斯维塔克无疑是极为闪耀的一颗，其丰富的美学思想尤其是独特的社会和艺术批判理论，对于东欧新马克思主义的美学建构，以及理解和反思当代社会有着独特的价值。斯维塔克和其他新马克思主义者一样关注社会现实问题，但他更注重身体力行，致力通过理论和实践去改造现实，并为此付出了沉重的代价。斯维塔克的独特之处还在于他比其他新马克思主义者更关注艺术和诗学问题，尤其对现代工业社会中"诗"的萎缩充满忧虑。斯维塔克从前现代社会汲取力量，追溯理性与想象、科学与艺术、技术与诗性之间的那种原初的和谐一体的关系，以此批判现代工业社会的种种异化。锐利的批判背后，是斯维塔克所憧憬的那个技术与诗性在其中和谐发展的未来乌托邦世界。正是围绕着艺术、技术、工业社会、乌托邦等核心话语，斯维塔克建构起一种关于现代社会和现代文化的批判诗学。斯维塔克著述的话题广博，本文主要围绕"艺术""技术""工业社会""乌托邦"等核心话语，再现斯维塔克的社会批判诗学，挖掘其理论思想对于理解和反思当代社会的独特价值。

关键词：伊凡·斯维塔克；批判诗学；美学；工业社会；乌托邦

作者简介：李慧文，1990 年生，文艺学博士，江西师范大学文学院讲师，硕士生导师。〔电子邮箱：lihuiwen0204@126.com〕

Art，Technology，Industrial Society and Utopia：On Ivan Sviták's Social Critical Poetics

Li Huiwen

Abstract：Ivan Sviták is undoubtedly a shining star among the Eastern European neo-Marxist theorists. His rich aesthetic thoughts，especially his unique social and artistic critical theories，are of unique value to the aesthetic construction of Eastern European neo-

Marxism, as well as to the understanding and reflection of contemporary society. Like other neo-Marxists, Sviták was concerned about social reality, but he paid a heavy price for his efforts to transform reality through theory and practice. Sviták is also unique in that he is more concerned than other neo-Marxists with issues of art and poetics, particularly with the shrinking of "poetry" in modern industrial society. Sviták draws strength from the pre-modern society, tracing the original harmonious relationship between reason and imagination, science and art, and technology and poetry, in order to criticize the alienation of modern industrial society. Behind the sharp criticism is Sviták's vision of a future utopian world in which technology and poetry develop in harmony. It is around the core discourses of art, technology, industrial society and utopia that Sviták constructs a critical poetics about modern society and modern culture. Sviták has written on a wide range of topics. This paper focuses on the core discourse of art, technology, industrial society and utopia, to reproduce Sviták's social critical poetics, and to explore the unique value of his theoretical thoughts for understanding and reflecting on contemporary society.

Keywords：Ivan Sviták；critical poetics；aesthetics；industrial society；utopia

Author：Li Huiwen（1990—　）is a Doctor of Literature，and a lecturer at the College of Literature and Art in Jiangxi Normal University.［Email：lihuiwen0204@126.com］

伊凡·斯维塔克（Ivan Sviták，1925—1994）作为捷克斯洛伐克重要的新马克思主义者，一生都在用思想和行动践行着马克思的格言："哲学家们只是用不同的方式解释世界，而问题在于改变世界。"① 斯维塔克曾写文歌颂堂吉诃德为乌托邦理想而战斗的精神，因此被国内学者员俊雅称为"战斗的堂吉诃德"。斯维塔克在其许多著作中都大篇幅地论及艺术和诗学问题，但由于种种原因，他的这些著述大多只能以论文或论文集的形式发表。目前学界关于斯维塔克的研究主要聚焦于其哲学思想，国外学界常常将他和科西克（Karel Kosik）、卡利沃达（Robert Kalivoda）等著名的新马克思主义者进行比较，如捷克学者梅尔瓦尔特（Jan Mervart）分析了斯维塔克和科西克等人的论争以及思想差异，同时也指

_____

① ［德］马克思：《关于费尔巴哈的提纲》，《马克思恩格斯全集》（第三卷），人民出版社 1960 年版，第 6 页。

出他们民主社会主义的共同理想。① 国内学界对斯维塔克的研究主要涉及其人道主义观、现代性理论、文化批判和异化批判，员俊雅翻译的文集《人和他的世界——一种马克思主义的世界观》为国内学界提供了重要的文献参考。

一、"布拉格城堡"与工业社会批判

1967 年 12 月，斯维塔克遭到第三次流放②前，在"可以看到布拉格城堡"的一个建筑师俱乐部举办的以"工业文明的人类维度"为主题的学术会议上，提交了题为《工业社会的艺术》③ 的论文。在该文中，斯维塔克一如既往地以一种充满神奇魔幻色彩的浪漫基调讨论了艺术、技术、工业社会、乌托邦等他长期关注的话题。他以曾经住在"布拉格城堡"里的"科学怪人"开普勒（Johanes Kepler）为隐喻，引发对现代工业社会

---

① Jan Mervart. Kosik, Kalivoda, Sviták and the Czechslovak spring of 1968, in *Filosoficky Casopis*, 2012（2），p. 195.

② 斯维塔克一生遭到过三次流放，据美国学者约瑟芬·费林伯格披露，在"布拉格之春"事件中，斯维塔克一度成为 KGB 逮捕名单上的第 37 号（详见 Joseph Grim Feinberg. Human, "All Too Human?" Introduction and Homage to Ivan Sviták, in *The Windmills of Humanity*, Chicago：Charles H. Kerr, 2014，p. 12）。

③ 该文发表在布拉格的 *Vytvarna Prace* 杂志 1968 年第 11 期和第 12 期上。

的反思。

斯维塔克在开普勒身上看到了前现代社会知识分子的理想类型，因为在这位宫廷占星师身上，实证主义科学和审美的艺术创造这两种精神是完美融合在一起的。斯维塔克称开普勒的工作"游走在科学和招摇撞骗之间，游走在科学思想和艺术价值之间，游走在经验主义和美学之间"①。他惊奇地发现，在三个半世纪以前的布拉格城堡里，理性与想象、科学与艺术、技术与诗性呈现出为圆融一体的非异化状态，而这恰恰是现代社会可望而不可即的——在现代社会尤其是工业社会，科学理性和艺术感性两种精神之间形成了难以弥合的分裂。

由此，斯维塔克对现代工业社会，尤其是工业社会中技术和艺术相异化的现象提出了深刻的批判："我们这个瑰丽而又冷酷的世纪如此幼稚地迷恋着科技，在计算机、导弹和泛滥的空间设备之间，它酝酿着一种以经验为基础的理性态度，它在关于宇宙的科学概念中达到了理智的顶峰。"② 斯维塔克像一位抵触冷漠的工具理性的后现代主义者，对由技术理性主宰的工业社会提出质疑，他把"布拉格城堡"看作前现代社会的理想国并从

---

① Ivan sviták, "Art in Industrial Society", Albert Todd, trans., in *Mosaic*, Jan 1, 1970, p. 104.

② ［捷］伊凡·斯维塔克：《人和他的世界——一种马克思主义观》，员俊雅译，黑龙江大学出版社 2015 年版，第 56 页。

中找寻灵感。他指出，开普勒在文艺复兴时期的天文学完全建立在一个由他幻想出来的疯狂想法之上，这就是：几何美的宇宙精神统治着所有行星的运动，由这个疯狂的想法又衍生出一个错误的假设：行星的运动无一例外都是完美的，它们都按照先验的"美学预设"行进……让斯维塔克惊叹的是，在开普勒极具想象力和创造力的占星术中，科学和艺术（幻想）是如此自然地融为一体，而不是被看作两种不同的创造精神。

然而，遗憾的是，随着社会历史的发展，那些圆融一体的社会意识形态之间逐渐发生分裂，其中一种逐渐占据统治地位——在工业社会，随着科学和艺术各自对于人类社会发展"重要性"的程度发生变化，它们之间的结构关系也发生了变化，随之而来的是技术理性的全面统治。斯维塔克并不是第一个意识到技术异化的人，胡塞尔早就看出科学是一把双刃剑，他认为，科学只是帮助人们解放自身、获取美好生活的途径，日常生活的世界才是科学世界的意义和价值的基础①，而现代人却把这两者本末倒置了。和胡塞尔一样，斯维塔克首先肯定了技术对于推动现代社会进步的重大意义，同时也看到沉醉在技术崇拜中不能自拔的现代人精神上所发生的

---

① 参见拙文《现代性视阈下的日常生活美学——以东欧新马克思主义为重点》，《马克思主义美学研究》2019 年第 2 期。

异化。现代人对技术的迷恋，最终变成了对艺术创造和人自身的否定。斯维塔克指出，人不是在科学发现和具体艺术表象的基础上形成关于世界的看法的，决定性的东西是他自己的生活经验。

在斯维塔克看来，用科学来衡量人的价值和意义，这本身是一个悖论——科学想要彻底描述人，不得不将人还原为一种特殊的机器，剥夺他的主观现实，而事实上人却是一种独特的、非重复性的，并因此是有个性、有价值的存在。按照斯维塔克的说法，人不仅是社会关系的总和，也是独特生活经验的总和，总而言之"人是不可比拟的现象"①。

在斯维塔克看来，人的感性、个性、独特性、非重复性等，恰好是人存在的真正意义和价值，而工业社会的过度理性化和技术崇拜却将这些最宝贵的东西遮蔽了，这直接体现在工业社会中"诗"的萎缩，诗的萎缩恰恰意味着人的意义和价值的丧失。由此，斯维塔克把目光投向前现代社会，从中追溯科学和艺术最原初的关系，思考它们对于人的价值和意义。他从"布拉格城堡"中看到科学和艺术最原始、最和谐的关系，并由此展开对现代工业社会和技术异化的批判与反思。他进一

---

① ［捷］伊凡·斯维塔克：《人和他的世界——一种马克思主义观》，员俊雅译，黑龙江大学出版社 2015 年版，第 52 页。

步分析了科学与艺术的关系在当代社会所发生的异变，也对艺术在当代社会中的价值进行了深入剖析。他指出，艺术和科学的关系在前现代社会呈现出与现代社会迥然不同的格局——在现代社会，艺术和科学的关系进一步被简化为艺术和技术（technology）的关系问题。

二、现代社会中的艺术与技术问题

什克洛夫斯基等人曾把艺术看作一种技术，他认为："诗歌流派的全部工作……与其说是形象的创造，不如说是形象的配置、加工的新手法。"[1] T. S. 艾略特也认为，诗歌的内容是无关紧要的，重要的是诗人能够运用语言技巧"抓住读者的大脑皮层、神经系统和消化道"[2]。从俄国形式主义到英美新批评，或多或少都体现出技术论的色彩。这种技术论的批评方法又分化出不同的理论路径，其中影响最大的是结构主义的批评方法，它在某种层面上体现出对艺术祛魅的企图，也显露出用实证科学征服艺术的野心。

斯维塔克指出，艺术在当代的发展乃至艺术本身，正面临着科学和其他社会意识形式的威胁。在他看来，

---

[1] ［俄］维克托·什克洛夫斯基：《作为手法的艺术》，《俄国形式主义文论选》，方珊等译，生活·读书·新知三联书店 1989 年版，第 3 页。

[2] 参见 Terry Eagleton. *Literary Theory: An Introduction*，Oxford：Blackwell，2008，p. 35.

艺术和科学之间的这种对抗是极端错误的："在评估艺术在社会中的作用时，如果我们如同艺术那样也被这些非人的机制所迷惑，如果我们只考虑以科学术语解释现实的这种急剧增强的趋势，我们就只能在我们面前看到灰暗的远景。"① 当然，斯维塔克并不认为科学和艺术不能放在一起比较，或者它们之间不具备共同的特征，而是始终强调艺术的独特性。他把艺术看作关于世界的一种确定的表达形式，艺术就其内在而言是至高无上的："它不需要被其他形式的知识所证明，无论是科学还是哲学，抑或是形而上学或意识形态。艺术是文化中自给自足的组成部分，它是一种至高无上的知识形式，没有任何更高的标准可以用于对它的鉴赏。"② 对斯维塔克而言，不存在那种可以把科学置于顶峰，而把其他知识形式放在从属位置的知识形式等级制度。尤其是在当代语境中，建构人类特定知识形式的模型已经日趋民主化。

更为不幸的是，科学在工业社会常常被简化成技术，这导致艺术和科学的关系变得更加复杂。那么，什么是技术呢？斯维塔克认为，在众多关于技术的定义中，可以提炼出三种主要的具有建设性的观点，它们分

---

① ［捷］伊凡·斯维塔克：《人和他的世界——一种马克思主义观》，员俊雅译，黑龙江大学出版社2015年版，第56页。

② Ivan sviták, "Art in Industrial Society", Albert Todd, trans., in *Mosaic*, Jan 1, 1970, p.105.

别是：技术是一种应用科学；技术是一种中立的、实现社会目标的手段；技术是关于人类战胜大自然的力量的一种表达方式。斯维塔克指出，技术在现代工业社会中迅猛发展，这种趋势似乎验证了历史哲学和社会把技术发展当作文明诸要素中的源动力（primum movens）的正确性。因而，技术也被理解为现代社会转型和社会关系发生转变的根本原因，尤其是当人们认为技术本身能带来经济增长和社会发展的时候，更加导致对技术的崇拜。

然而，在斯维塔克看来，技术只是社会变革的一个刺激物（stimulus），它既可能推动社会的进步，也可能使它倒退。技术的社会功能是模糊的，其作用的发挥并不仅仅依靠技术本身，把技术绝对化（即使在新经济体系的基础上）恰恰就是马克思所批评的庸俗经济主义。技术能够在人类生活和知识领域引发结构性的社会变革，但这些变革的性质以及对它们做出反应的方式可以是多种多样的，技术是否有用，以及它对包括艺术在内的社会现象的影响方式，最终取决于特定社会的价值体系和权力精英。换言之，社会变革的结果并不取决于技术本身，而是取决于人。

鉴于科学和艺术在现代社会所形成的对抗关系以及科学在工业社会中发展出来的"技术论"倾向，斯维塔克指出，"现代工业社会的审美之维对于我们来说是一个挑战"①，他从关于技术和艺术的关系的三种理解出发，对现代社会的技术和艺术，尤其是对艺术进行了批判。

第一种理解：技术和艺术是互相依赖的共存因素，它们之间相互产生直接的影响。斯维塔克指出，技术和艺术之间的直接联系，在古典时期和文艺复兴时期占据了完全的主导地位，当时艺术本身被理解为技术的一种特殊形式，即一种工匠技能。因此，艺术在本质上与技术是同一的——工程师列奥纳多·达·芬奇就是一个典型的例子。斯维塔克认为，这种把艺术理解为一种特殊工匠生产活动的风尚，在当代的大众文化中再一次显现，只不过它站在更高的维度上，在其中，伪艺术品甚至真正的艺术品的制造技术已经站在前台。对此，斯维塔克指出："一旦艺术灵感凭借技术手段走得如此之远，它试图消除艺术家自主的创作过程，把艺术家的位置腾出来让给运气、机器和数学公式，这个概念（技术和艺术的相互依存关系）就显著地被使用了起来。在这里，艺术再一次就是技术，艺术与它的生产过程的本质以及它的起源同一化了。"②

---

① Ivan sviták, "Art in Industrial Society", Albert Todd, trans., in *Mosaic*, Jan 1, 1970, p. 107.

② Ivan sviták, "Art in Industrial Society", Albert Todd, trans., in *Mosaic*, Jan 1, 1970, p. 107.

　　第二种理解：技术和艺术以其他联系为中介互相产生间接的影响。斯维塔克指出，在社会学的方法中，艺术与技术的关系不是直接的、单向的，而是相互的、有条件的，它的模型是"技术－社会－艺术"的结构，连接技术和艺术的纽带可以是人也可以是社会。在这个模型之中，技术和艺术之间的相互影响受到社会的制约——作为社会现象的艺术和技术，都不是由它们本身决定的。在这里，艺术和技术之间的关系比第一种理解要深刻得多。因为现代社会的进程就反映在艺术的形式和"技术－艺术"的关系之中。第二种理解表明，现代文化和它的艺术表现形式是对某种社会变革的表达。艺术的功能和结构的排列，既不是艺术或文化内部发展的结果，也不是直接受技术和科学影响的结果，而是一系列社会进程的结果，其中最重要的就是技术危机，这场危机在现代艺术中投射出它的意识形态回响。斯维塔克认为，现代社会的技术危机来自人与技术间的平衡的不断变化，其根源则是人类依赖于技术的人造世界这一无法克服的悖论。这个悖论造就了人类生活的特殊环境，使其更加人性化，它是对世界的"第二次创造"。然而，只要技术继续以一种人类社会无法控制的动力增长，它就会产生一种自我毁灭和自我终结的危险。斯维塔克把工业社会比喻成一个中世纪的武士："他为自己制造了如此完美和沉重的盔甲，以至于他不会再受伤，但他同时也不能再战斗。他的完美毁了他。艺术反映了人类处境中的这场危机。"① 即是说，当"技术论"的科学接管艺术乃至整个社会文化之时，就是人类之死。

斯维塔克指出，以上两种路径对于理解技术和艺术的关系都有其合理性，并且都曾在艺术史上出现过，但他显然更倾向于第三种理解。第三种理解是人类学的。它在社会学的模型基础之上加入了"人"这一要素。由此，技术和艺术的关系变成了由"技术－社会－人－艺术"这四个要素交互变化和相互作用的推动所决定的。在这种理解之中，技术的决定性纽带不是社会学模型的抽象结构，而是人的多元化的个性及其惊人的潜力，这也是人类最有价值的物种属性。

在斯维塔克看来，现代文化的人类学前提，先验地影响着艺术功能和结构的转变，历史不仅仅被理解为技术、社会秩序和艺术风格的转变，而且也被理解为人的自我理解的转变以及人类"类型"（human types）变化的连续体。这样一来，艺术问题的当代结构并不仅仅表现为社会结构的转型，而且更深刻地表现为人类个性结构的变化。斯维塔克认为，这种理解不仅深刻地影响着艺术的概念，更深刻地影响着关于艺术的功能和价值的

----

① Ivan sviták, "Art in Industrial Society", Albert Todd, trans., in *Mosaic*, Jan 1, 1970, p. 108.

理解，即艺术在人类感性的再创造和一种"全新的人的历史类型"的转型中，所扮演的积极的、非典型性的以及个性化的角色。也只有在最后一种模式之中，人类才仍然是人类历史文明的主体，而人类的这种主体性，就鲜明地体现在现代文明的审美维度之中。

三、人：艺术定义的第三个维度

从技术和艺术的第三种关系模式中可以看出，斯维塔克的社会批判诗学实际上就是要从现代工业社会的中拯救人的主体性，包括人的个性、人的感性创造和人的审美之维，在他所擘画的那个未来乌托邦里，人类将会从当前的异化生存状况中解放出来，蜕化成一种全新的人的历史类型。

因此，斯维塔克的社会批判诗学的的主题从对技术论的批判延伸到了对现代人的批判。在斯维塔克看来，正是由于在现代工业社会中艺术遭到了技术理性的贬低，现代人正逐渐沦为"愚蠢的理性主义者"，他们用理性控制自己的情感，剥夺了自己的激情和梦想，变成了某种"阉人"（eunuch）[1]，同时人也自愿成为全能国家机器上的一个小齿轮。从这个角度看，现代人被剥夺

---

[1]　Ivan sviták, *Man and His World: A Marxian View*, trans., Jarmila Veltrusky, New York: Dell Publishing, 1970, p. 58.

了选择成为自身的自由，而沦为一种非人。正因如此，艺术和感性思维对于现代人才显得更加重要，反过来，"人"也成为斯维塔克美学和艺术理念中的一个核心维度。

斯维塔克从关于技术的定义，以及对技术和艺术的关系的分析出发，过渡到他最关心的艺术本体问题。他首先肯定了亚里士多德关于艺术的定义——亚里士多德强调技艺（techne）和模仿（mimesis），认为艺术是关于人的命运，即人的存在（人的经验、行为等）的技艺和模仿。斯维塔克认为，这种定义在面对大多数艺术现象的时候都具有阐释的有效性，它同样可以用于解释现代艺术现象。不过，他认为，在亚里士多德的"技艺"和"模仿"之上还应该加上第三点：艺术的实践创造性——艺术除了体现亚里士多德所强调的两种属性，还是对人类意义的探索，对人的含义进行解释的诉求，因此也是对人的价值领域和"目的设定"（oriented goal）进行解释的诉求。

在斯维塔克看来，关于艺术定义的第三点补充是如此重要，因为只有艺术可以触及科学所不能解释的那个神秘的、不确定的和晦涩的领域。他甚至认为一件艺术品中所包蕴着的神秘的或精神的成分越多，它就越有力量。他指出，现代主义艺术作品中的荒诞主题和神秘主义之所以取得成功，主要就在于它们对于"过度合理化"（overly rationalized）的现代社会的日常生活具有一种特殊的补偿功能——现代社会过度合理化的日常生活导致了人们对原创性、独特性、偶然性、荒诞性和非理性的无法抑制的需求，斯维塔克认为，这也许能够解释为什么偶然性原则在几乎所有的现代艺术作品中都得到了强烈的肯定。

斯维塔克认为，现代艺术恰恰是"对偶然的神秘的非理性的一种精确的科学表达，这种不确定性是无法计算的"[①]。因此，越是在理性化的现代社会中，艺术中的神秘维度越是被需要，这种神秘性和偶然性已经成为现代社会中人救赎自我，从被操控中解脱出的重要途径，而原创性、独特性、偶然性、荒诞性和非理性也日益成为非异化的象征。换言之，它们是人确证自我存在价值的重要维度，因此，它们也日益成为现代艺术中不可或缺的成分。

可以说，"人"始终是斯维塔克美学和社会批判诗学中的核心维度，因此在斯维塔克看来，工业文明的审美维度新现象意义上的艺术转变，最终还是取决于人的转变，当然，同时也依赖于人与技术、社会等其他维度的相互依存关系。其中，人与技术的关系对于理解现代

---

① Ivan sviták，"Art in Industrial Society"，Albert Todd，trans.，in *Mosaic*，Jan 1，1970，p. 105.

艺术具有关键性的意义。他提出了一个重要问题：人这个物种在现代社会是否发生了变化？

斯维塔克指出，仅从技术（生物学）的角度来说，人类这个物种在过去30000年的历史里没有发生变化；但从社会学的角度来说，即把人放到一系列的特殊文化、民族关系和社会秩序中去考察时，人显然是发生了变化的。斯维塔克认为，在人类的这种变化过程中，技术即使不是决定性的因素，也是具有本体论意义的。因为正是技术改变了人类生活中工作和娱乐时间的分配，大大增强了人类驾驭大自然的力量，从而改变了人的具体存在方式的结构。而艺术在当代的转型则又必须通过它与关于人的模式转型的关系来进行解释——人的模式通过艺术表达了自身。

在斯维塔克看来，艺术创作的意义和艺术作品内容的变化，本质上就是人的意义的认识方式发生变化的结果："如果我们试图以美学的、社会学的和经验的术语来解释兰波（Rimbaud）的作品和现代诗歌的起源，塞尚（Cézanne）的作品和塑料艺术的革命，戏剧和音乐的转型，文学种类的动态机制，以及这种起源的背景和重大意义，我们就总是拥有无法解决的哲学问题。"[1] 而

---

① ［捷］伊凡·斯维塔克：《人和他的世界——一种马克思主义观》，员俊雅译，黑龙江大学出版社2015年版，第75页。

一旦抓住人的概念中发生的新变化，一切就可以得到全新的解释。在斯维塔克看来，艺术家的创作是一种自主行为，无论他创作什么，艺术种类的转型几乎总是与人的社会类型的转型相契合的。在人类历史上所有的艺术潮流变化，包括艺术种类、方法和类型的产生和衰落，以及艺术形式、功能和意义的转型中，乃至在现代人的生活中，这个命题都可以得到验证。

斯维塔克指出："人类生活的核心之处屹立着另一种精神活动——想象力、创造性玄幻力——艺术的永恒来源。人的精神活动只存在于这的对立面之间的永恒张力中，存在于科学方法与迷幻、想象与理性、理智与情感、荒谬与常识的对立统一之中。"[①] 人的想象力和创造力不仅是艺术永远的依赖，而且是艺术的起源。因此，艺术绝不仅仅是对人生或生活的模拟或简单模仿，而是暗含着关于世界的总体看法，具有宗教、哲学、神学或科学的隐含意义。艺术的意义直接和人自身及其活动的意义相关，因此，艺术的核心问题是艺术家创作出以往不存在之物的人类官能的问题。对斯维塔克而言，无论艺术是否宣称自身是纯粹的戏剧、纯粹的美或美学魅力，它始终不变地呼吁着对人的意义的解释，它是对那

---

① ［捷］伊凡·斯维塔克：《人和他的世界——一种马克思主义观》，员俊雅译，黑龙江大学出版社2015年版，第56—57页。

些还不为人知的维度的探索。要理解现代艺术的起源，乃至过去几百年间所产生的复杂艺术问题，就必须考虑这期间人所经历的变化。因此，斯维塔克始终将文化变迁视为现代艺术的人类学条件，只有通过现代的人类学条件，才能真正解决艺术的形式以及艺术社会功能的变化等美学和艺术理论相关问题。

四、通往未来的乌托邦

无论是对工业社会的批判，抑或是对技术异化和现代艺术的反思，又或者是对技术和艺术之间关系的廓清，归根结底都体现了斯维塔克对感性和艺术创造精神向当代社会回归的呼吁。当然，作为一名坚定的马克思主义者，斯维塔克所寻求的是从社会层面解决最根本的问题。他对人类社会的未来仍然充满着期待和信心："如果我们再次进入一个历史时期，在那里人类活动的各种形式之间不再如此遥远地被分割开来，我们也不会感到惊讶。"①

透过"布拉格城堡"，斯维塔克看到一个新世界的可能性。在他看来，感性创造和艺术精神原本就属于人类社会历史的一部分，因此他也相信这些精神终有一天

---

① Ivan sviták, "Art in Industrial Society", Albert Todd, trans., in *Mosaic*, Jan 1, 1970, p. 105.

会再次回归到人类社会中应有的位置。斯维塔克的现代社会批判诗学不是像湖畔派诗人那样渴望回归中世纪的田园牧歌，而是寄希望于未来。为此，他为人类社会描绘了一个美丽的未来乌托邦，在这个乌托邦里，科学和理性得到应有的尊重，而人类的感性创造和艺术精神也可以充分地发挥。

"乌托邦"或"乌托邦主义"是斯维塔克著述中的一个高频词汇，他对西方历史上出现过的种种乌托邦构想的类型进行了梳理。他一方面批判那种脱离现实、虚无缥缈的"乌托邦"和"乌托邦主义"，另一方面他也为人类社会擘画了一个自己的乌托邦。斯维塔克认为，他自己所构想的这个乌托邦有别于历史上其他一切的乌托邦，它不是原初和纯粹意义上的乌托邦，也不是象征着与现实相脱节的思维方式，而是现代社会历史发展的必然产物，它是基于当下，对人类社会未来的可能性的一种预测；与此同时，它也是一种希望："它们包含着人类的梦，就像一个醒着的人的脑袋里包含着的梦一样。"① 斯维塔克所擘画的这个乌托邦实际上就是东欧新马克思主义者所共同呼吁的人道主义社会主义。

① Ivan sviták, *The Windmills of Humanity: On Culture and Surrealism in the Manipulated World*, Chicago：Charles H. Kerr，2014，p. 31.

对于斯维塔克而言，乌托邦是一种救赎人类文明的力量，为了拯救，需要人的堂吉诃德式的斗争和牺牲精神，从为人类盗天火的普罗米修斯到潘多拉的魔盒（瘟疫从魔盒中逸出之后，潘多拉迅速关上了它，把人类希望保留在了里面），再到为人类的解放事业而斗争的马克思，所有为人类社会无私奉献的英雄们无不如此。斯维塔克对历史上出现的各种乌托邦形式进行了回顾，指出它们的根本缺陷在于没有形成现代人道主义社会主义的信念，它们寄希望于神或君主等救世主，而没有意识到要通过自己的力量去改变这个世界。只有马克思主义才使人们第一次认识到，一切伟大的社会变革和人类的解放，都不会是由上天作为礼物赠送给人类的，而必须通过人类的不懈斗争自己解放自己。

在斯维塔克看来，只有马克思为人类勾画的那个乌托邦才真实地体现着人类的终极理想，才是救赎全人类的唯一希望。因为马克思把社会主义定义为真正的人道主义，社会主义不是一个自动操控的社会，它的意义和独特之处在于人的个性的全面发展，它把人从无知、贫穷和恐惧中解放出来。在这个社会中，人类可以自由地发展自己的能力和思想，培养自己的感情，享受世界之美。

斯维塔克始终把艺术放在人类社会的历史中来考察，因此他十分看重艺术的社会作用和社会功能的发挥。在他看来，艺术只有被放在社会历史中，才会形成现代文明审美维度的特殊性——在社会历史的语境中，发生深刻变化的不仅仅是艺术，还有创造者和使用者之间的关系。斯维塔克指出，在当代艺术的审美功能和社会功能之间充斥着种种矛盾和冲突，其中既包括艺术的基本审美功能之间的矛盾，也包括艺术的基本审美功能和它的社会功能［"额外的审美功能"（extra-esthetic）］之间的矛盾。艺术的基本审美功能之间的冲突主要表现在艺术将注意力集中在特定的、孤立的对象上；而艺术的基本审美功能和社会功能之间的冲突则表现在：艺术的社会功能从根本上改变了美的概念，美发现自己处于一个全新的历史和功能（教学的、实用的、有目的的、规范的、可交易的、认知的和人类学的……）框架之中："它更像是一种冲突和痉挛，而不是古典的美"①。因此，今天的时代呼唤着"新的答案、新的计划和新希望。"② 在这里，问题再一次回到了艺术和技术的关系上。在斯维塔克看来，技术本身是非常重要的，问题的核心在于人道主义，在于人与人之间的关系："无论是

① Ivan sviták，"Art in Industrial Society"，Albert Todd，trans.，in *Mosaic*，Jan 1，1970，p. 113.

② Ivan sviták，*The Windmills of Humanity: On Culture and Surrealism in the Manipulated World*，Chicago：Charles H. Kerr，2014，p. 29.

强大的个人、武器、制度还是完善的技术。当人们表现出人道主义的时候，他们自己就是共产主义的保证；否则就没有这样的保证。"① 总而言之，没有人道主义的当代社会将沦为一种悲观的乌托邦。

斯维塔克渴望人类社会回归技术和诗性圆融一体的状态——当然，不是回到前现代社会那种蒙昧的状态，而是一个更高维度的文明社会，即人道主义的社会。为了通往他心中的那个美好的乌托邦，斯维塔克批判现代工业社会的各个领域，从前现代社会汲取精神资源，深入辨析技术与诗性的关系。最终，他批判现代社会，并为之设计了一个未来的乌托邦，这个乌托邦向古老的"布拉格城堡"汲取灵感，指向遥远的共产主义："那时，也许又会有科学家住在布拉格的城堡里，他们会像开普勒那样捍卫科学与艺术统一的观念"②。

在斯维塔克所憧憬着的那个乌托邦里，美是在真实存在的领域里被感知的，因而作为艺术的特殊否定，对于美本身的理解既不需要倚仗艺术创造的说明书，也不需要倚仗艺术的假体。在那里，艺术的审美功能将会被

---

① Ivan sviták, *The Windmills of Humanity: On Culture and Surrealism in the Manipulated World*, Chicago：Charles H. Kerr，2014，p. 33.

② Ivan sviták, Art in Industrial Society, Albert Todd, trans., in *Mosaic*，Jan 1，1970，p. 115.

文明化，艺术作为培养人的感性、想象力和情感的手段——人类智力的想象游戏——的个性化功能也得到增强。与此同时，艺术的哲学人类学（或伦理）功能也在增强，它使人更接近自身和人类处境，向他揭示存在的更深刻意义，用思想激励他，从而履行以前由宗教和意识形态所承担的世界观功能。与此相反，艺术的教育和认知功能将被削弱，因为大众传播手段和科学的广泛普及比单独的艺术更能发挥这些功能。因此，在未来的世界，审美维度将变得越来越实用，越来越接近日常生活。美渗透在对生活的经验和知识中，艺术生产失去了排他性，以便更接近那个每个人都创造，"每个人都会作诗"的时代。

结　语

在颠沛流离的一生中，斯维塔克不断扩大他的批评范围，他认为有必要"把纯粹的哲学与艺术、诗歌、电影及实用、乏味的政治更紧密地联系起来"①。约瑟芬·G. 费林伯格（Joseph Grim Feinberg）指出，在斯维塔克的作品中，最引人注目的是他决心将革命人文主义的

---

① Joseph Grim Feinberg. "Human, All Too Human?" (Introduction and Homage to Ivan Sviták), in *The Windmills of Humanity*, Chicago: Charles H. Kerr, 2014, p. 11.

洞见引入不断扩大的人类活动范围："虽然他也写过抽象哲学和思想史，但斯维塔克的批评作品涵盖乌托邦主义的历史到爱的未来，通过对电视和体育的社会分析，当代政治的辩论，对'汽车学'（一种'汽车哲学'）的反思，以及对现代主义诗歌、新罗马、杂剧和新浪潮电影的批评。"[①] 此外，他还写过早期基督教简史、摩拉维亚无神论的社会学研究著作、文艺复兴时期的两位炼金术士和他们知名的诗人女儿的系列传记，甚至还编辑过一本情诗选集，准备了至少一部实验电影并参与不止一部实验电影的制作……在所有的这些领域中，斯维塔克的基本方法始终是一致的："在人类不断变化的表达体裁中挖掘它的社会和存在哲学，赞美在其中实现的'人类潜能'，谴责阻碍实现人类潜能的异化结构。"[②]

一个显而易见的事实是：艺术和艺术理论在当代已经急剧萎缩，艺术或离群索居，从社会生活中逃遁，把自己伪装成一副反艺术的样貌；或曲意媚俗、逢迎市场，让自身彻底沦为市场的附庸。而艺术理论和美学则

[①]　Joseph Grim Feinberg. "Human, All Too Human?" (Introduction and Homage to Ivan Sviták), in *The Windmills of Humanity*, Chicago: Charles H. Kerr, 2014, p. 14.

[②]　Joseph Grim Feinberg. "Human, All Too Human?" (Introduction and Homage to Ivan Sviták), in *The Windmills of Humanity*, Chicago: Charles H. Kerr, 2014, p. 15.

越来越脱离创作实践，日益成为一种"没有艺术的艺术理论"。在当代，虽然我们日常生活的各个角落都充斥着各种图像和精巧的设计，但无论是从作品本身，还是理论的角度来看，它都与二十世纪初叶时不可同日而语。斯维塔克恰好活跃在艺术和艺术理论开始走向衰落的那个节点上，批判理论表面上蒸蒸日上，各种"主义"沓来踵至，但它们实际逐渐转向了一种封闭的话语，在看似繁荣的背后，日渐隔断了艺术与人的感性创造之间的联系，而感性创造，恰恰是艺术和诗学中最重要的问题之一，它涉及人的存在价值和意义这一根本问题。

论亨利·瓦尔德对当代符号文化的批判[*]

朱鸿旭

摘　要：作为罗马尼亚战后新马克思主义思潮的杰出代表，亨利·瓦尔德广泛吸收和借鉴了卡西尔、苏珊·朗格、亚当·沙夫和罗兰·巴特的符号学思想，对当代符号文化进行了深刻的批判。他从三个方面概括了当代文化中语言符号的危机：一是非理性思潮对作为理性承载的语言符号的合法性提出质疑，非理性主义将语言视为通向真理之途的障碍或遮蔽，试图超越或取消语言符号；二是大众媒介时代新的视听传播手段所构成的图像认知模式对语言符号的感知方式所形成的强烈冲击，使文字阅读让位于图像观看，思考臣服于感觉，深度感知被替代为平面感知；三是符号的空洞化和无限增殖导致了符号意义的丧失，符号日益沦为对当下世界的感性化的即时反应，从而可能退化为信号。他对当代文

---

　　*　基金项目：本文为国家社科基金青年项目"亨利·瓦尔德马克思主义美学思想研究"（23CZW070）、西华师范大学博士科研启动项目"东欧马克思主义文艺美学核心问题研究"的阶段性成果。

化中的非理性主义、大众媒介和消费文化进行了深入反思，认为作为人类理性根基的语言符号面临着被取消和被替代的威胁，而这同时也意味着人的批判精神与创造性思维的消泯，最可怕的不是机器超过人类，而是人类变成了机器。在他看来，语言符号始终是人类理性与情感相互融合的领域，语言符号的危机从根本上说是人的整体性生活的危机，走出这种危机的根本途径是重新确立人的理性、情感、道德、审美之间更高层次的平衡。

关键词：语言符号；批判理论；符号学；大众媒介

作者简介：朱鸿旭，博士，西华师范大学文学院讲师，研究方向为东欧马克思主义美学，文艺理论。［电子邮箱：675218328@qq.com］

On Henri Wald's Critique
of Contemporary Symbolic Culture

Zhu Hongxu

Abstract：As an outstanding representative of the post-war new Marxist movement in Romania, Henri Wald extensively absorbed and borrowed the semiotic ideas of Ernst Cassirer, Susanne Langer, Adam

Schaff, and Roland Barthes, and deeply criticized contemporary symbolic culture. He summarized the crisis of language symbols in contemporary culture from three aspects. First, the questioning of the legitimacy of language symbols as rational carriers by irrational ideologies. Irrationalism views language as an obstacle or shield to the path to truth, attempting to surpass or eliminate language symbols. The second is the strong impact of the image cognitive model formed by the new audio-visual communication methods in the era of mass media on the perception of language symbols, which makes text reading give way to image viewing, thinking subject to sensation, and depth perception replaced by plane perception. The third is that the hollowing out and infinite proliferation of symbols have led to the loss of their meaning, increasingly becoming an immediate response to the sensory perception of the current world, which may lead to the degradation of symbols into signals. He deeply reflected on the irrationalism, mass media, and consumer culture in contemporary culture, believing that language symbols, which serve as the foundation of human rationality, face the threat of cancellation and substitution. This also means the disappearance of human critical spirit and creative thinking. The most frightening thing is not that machines surpass humans, but that humans become machines. In his view, linguistic symbols have always been a field where human reason and emotion blend together. The crisis of linguistic symbols is fundamentally a crisis of human holistic life. The fundamental way out of this crisis is to re-establish a higher-level balance between human reason, emotion, morality, and aesthetics.

Keywords: linguistic symbols; critical theory; semiotics; mass media

Author: Zhu Hongxu, Ph. D., lecturer at the School of Literature, China West Normal University. His research field is Eastern European Marxism aesthetics, and theory of literature and art. [Email: 675218328@qq.com]

作为罗马尼亚战后新马克思主义思潮的杰出代表，亨利·瓦尔德（Henri Wald，1920—2002）一直致力于对马克思主义哲学、符号学和美学的开掘。从第二次世界大战之后到 20 世纪 70 年代，亨利·瓦尔德以马克思主义辩证实践哲学为基石，深度介入了风行一时的欧洲现象学运动和结构主义思潮。60 年代以后，亨利·瓦尔德的学术兴趣逐渐从辩证逻辑理论转向语言学和符号学。他对卡西尔（Ernst Cassirer）、苏珊·朗格（Susanne Langer）和罗兰·巴特（Roland Barthes）等人的符号学思想进行了广泛的吸收和借鉴，以辩证逻辑为根基思考语言问题，同时融合了人道主义思想和马克思主义的实践观，"超越了卡西尔的'人是符号的动物'观点的限制"①，拓宽了符号美学的研究视域。本文从语言符号的合法性问题、媒介时代的符号危机以及语言符号的"信号化"等方面入手，对亨利·瓦尔德的符号文化批判思想进行解读和分析，进而总结其对当代文化重构的启示意义。

一、非理性主义思潮下语言符号的合法性危机

20 世纪以来，从现象学运动到存在主义思潮，从弗洛伊德精神分析到解构主义和后现代理论，不断有思想家向人类理性大厦发起攻击，而语言符号则始终寓于人类理性的中心，成为攻击的焦点。瓦尔德将 20 世纪的

---

① 傅其林：《论东欧马克思主义文化理论的核心命题》，《江西师范大学学报》（哲学社会科学版）2020 年第 1 期。

非理性主义称为"主体对客体的复仇"①，在他看来，这股思潮并非凭空而起，其先驱和前奏可以追溯到 19 世纪下半叶"后黑格尔时代"的思想家对理性哲学的反思和批判。克尔凯郭尔（Kierkegaard）的哲学以批判黑格尔的客观主义和逻辑中心主义为起点，他反对理性对个体的压制，主张从个体的孤独、绝望和悲观出发，抛开世界的非人特征，重新恢复人与世界的牵涉。站在反对理性主义的立场上，克尔凯郭尔对语言媒介进行了反思，在他看来，"在语言中，'那感官性的'作为媒介是被贬为纯粹的工具，并且不断地被否定。"② 而在音乐、雕塑和绘画中，感官性直接参与了精神活动，并未被取消，而是作为最基础的媒介要素。因此他认为，语言符号作为一个纯粹的理性精神的结晶是一个被削减、被压抑后的产物，因而语言成为一种反讽，他借用一句名言说："人有语言不是为了揭示思想，而是为了掩盖思想。"③ 同样，尼采也对语言所携带的理性精神大加批判，在他看来，庸人总是以理性语言掩盖世界的"力"

① Henri Wald, "Mass Media And Creative Thinking", eds. Edward D. Angelo and David H. DeGrood *Contemporary East European Marxism*. Amsterdam：B. R. Grüner Publishing Co, 1980. pp. 29－38.

② ［丹麦］索伦·克尔凯郭尔：《非此即彼：一个生命的残片》（上册），京不特译，中国社会科学出版社 2009 年版，第 71 页。

③ ［丹麦］索伦·克尔凯郭尔：《论反讽概念》，汤晨溪译，中国社会科学出版社 2005 年版，第 218 页。

的本质，把权力意志与其外在表现分开来，并假借理性语言及其所蕴含的道德观将权力意志想象为"主体"的运作，而实际上，权力意志是直接的征服欲、统治欲的表现，"只有在语言的迷惑下（理性语言对事物的表述是僵死的，是彻底的谬误），这种力才会显示为其它"①。尼采不仅以权力意志作为驱动世界发展的非理性力量，而且对理性语言的虚伪性进行了批判。

在克尔凯郭尔和尼采那里，已经包含着对理性主义的批判和对语言符号合法性的质疑，而到了 20 世纪，人们目睹了战争、屠杀和暴力在精确计算、理性论证的基础上肆无忌惮地进行，杀戮与工具理性竟能并行不悖，统计学、人种学、生物学等自然科学的迅猛发展将个体的人简化为可以计量和统一管理的数字。正如瓦尔德所说："第一次世界大战后特别是第二次世界大战后，政治和意识形态的萧条导致了对普遍性的不信任和对结构的偶像崇拜。"② 人们渴望对人本身的幽深与黑暗有更多的认识，发掘在理性和语言符号遮蔽下丰富的非理性世界。这是非理性主义思潮兴起的社会背景。

20 世纪初最先对语言符号的理性精神发起强烈冲击

---

① ［德］尼采：《论道德的谱系》，赵千帆译，商务印书馆 2018 年版，第 41 页。

② Henri Wald, *Homo Significans*, Bucureşti：Editura Enciclopedică Română，1970，p. 52.

的是柏格森的生命美学。柏格森认为，我们所感知的世界是变动不居的，世界永恒地在这种生命的绵延中生生不息。个体生命无法以理性去理解和获得世界的本质，只能通过自我生命的流动与世界保持和谐一致。但是，语言的理性功能却总是寻求将短暂的瞬间固定化，将变动的感受凝结为静止的。"我们本能地倾向于把我们的种种印象固化，就是为了用语言表达它们。"[①] 因而理性和语言构成了对生命运动的阻碍。现象学同样对语言符号的理性价值产生了强大的冲击，胡塞尔将意义放在优先于语言的地位，意义的显现是第一性的，而语言不过是一个命名活动。海德格尔的现象学虽然承认语言是存在的家园，但他同样认为存在是优先于语言的，真理无法言说，语言不是被人说，而是语言在言说自身。德里达在批判胡塞尔现象学的基础上，用"延异"和"撒播"等概念阐明符号意指活动的滑动性和开放性，从而以语言游戏替代了索绪尔意义上的理性主义的语言观。在现象学之外，弗洛伊德的精神分析挖掘出另一个非理性的潜意识世界，在这个世界面前，语言及其承载的理性世界不过是冰山一角，这也从另一个方向对理性主义的语言符号观构成了威胁。

---

① ［法］亨利·柏格森：《时间与自由意志》，冯怀信译，北京时代华文书局 2018 年版，第 105 页。

　　语言符号与理性实际上是一体两面的存在，一旦理性失去了合法性，语言符号便成为一堆没有意义的能指。美国思想家雅各布·克莱因（Jacob Klein）说："我们的理性主义是一种符号理性主义。"① 当代文化对理性主义的质疑和排斥必然将语言符号推上审判台。虽然所有的反对声音也是以语言符号的形式出现的（这正是其矛盾之处），但非理性主义者认为，人可以绕过语言，直接与本质联系在一起，这就对语言符号的合法性提出了挑战。

　　面对语言符号的合法性危机，瓦尔德首先给予了坚决的批驳。在他看来，即便最低水平的语言符号也具有一定的抽象性和理性价值，取消语言符号的理性价值无异于取消语言本身。这是一个无法解决的悖论，一些走入极端的现代主义实验小说完全成了文字的无意义堆砌，就是这一悖论的体现：语言存在于那里的意义正是要展现语言的无意义。而放眼整个文明史，亨利·瓦尔德看到，随着人类理性的发展和文字的产生，语言的理性功能持续扩大，基于语言符号的人类理性思维和逻辑思维得以建立，通过语言符号进行的合作、理解和沟通得以可能。因为对语言符号的理性应用意味着祛除语言

---

　　① ［美］雅各布·克莱因：《雅各布·克莱因思想史文集》，张卜天译，湖南科学技术出版社 2015 年版，第 63 页。

中的个体性特征，用一种抽象和概括的方法表达事物的同一性和个体事物背后的本质。人类社会的向前发展与这种抽象能力和符号化的过程密切相关，从这个意义上说，语言符号代表着人的理性精神，语言符号的运用推动着理性思想的不断向前发展。更重要的是，语言与理性的关系并不是排他的，而是与情感、伦理等价值共存，并与这些价值、规范密切联系在一起的。对语言和意识中的非理性精神的强调并不一定要以消灭和摒除理性精神为前提。未来的语言符号的发展应该是以理性精神与情感之间更高层次的平衡为基础的，"必须既反对理性过度损害感性，又反对感性过度损害理性……人的两个方面都必须受到教育。理性活动的进步必须与情感生活的进步相平衡。"[1] 在理性价值遭到质疑的今天，语言符号的合法性依然不容侵犯，但是，只有通过辩证的否定，把语言的理性因素与非理性因素重新统合起来，非理性主义思潮所提出的合理要求才可能被正确地吸收，语言符号的当代危机才可能得到真正解决。

二、大众媒介时代的符号文化批判

20 世纪，广播和电视的大规模普及使人类的信息传

---

[1] Henri Wald, *Limbaj Şi Valoare*, Bucureşti: Editura Enciclopedică Româna, 1973, p. 24.

播方式发生了极大的变化，一个真正意义上的大众媒介时代正式到来。大众媒介极大地改变了语言符号的面貌及其在人类生活中的地位与作用。1964 年，加拿大学者马歇尔·麦克卢汉（Marshall McLuhan）出版了《理解媒介：论人的延伸》一书，对方兴未艾的人众媒介进行了全面的解读，为大众媒介的兴起提供了合法性基础和理论资源，对当代文化和美学思想产生了深刻的影响。麦克卢汉热情拥抱新的大众媒介带来的人的重新部落化。他的乐观主义态度反映了当时大众媒介的急剧扩张态势，成为新的视听媒体借以颠覆语言文字和阅读行为的宣言。但瓦尔德对此提出了怀疑，他认为，图像传递信息的方式是空间性的，信息在空间范围内延展开来，这和言语、文字传递信息的方式有很大的不同。对于文字，我们在"读"；而对于图画，我们在"看"。文字符号与语音符号之间有着密切的亲缘性，文字始终被瓦尔德视为语音的"转录"（transcribe）。而图像符号则不同，图像中包含着色彩、形状和线条等密集的个体性特征，每一个图像都是无数个性化的感官印迹的集合，都包含着海量的感官经验。文字的抽象性推动了理性思考的深入，而海量的感官信息只能淹没人的感知系统，不能将信息转化为思想。

在麦克卢汉看来："拼音字母和数字是最使人分割

和非部落化的媒介。"① 它把每个人变成了独立和不相关的个体，使理性不断膨胀并削弱了人的感性。而大众媒介重新激活了视听媒介的感官性，允许人们整体性地参与世界，获得更加丰富而全面的感知体验，从而使整个世界成为一个部落化的地球村（Global Village）。但瓦尔德认为，麦克卢汉的这种乡愁式的乌托邦理想不过是卢梭思想的死灰复燃，卢梭认为文字阉割了语言，"文字以精确性取代了表现力"②。这在启蒙时代具有一定的合理性，但已经无法回应当今时代大众媒介统御一切文化的现实了。大众媒介造成了人类对文字符号的轻视和冷落，同时也贬抑了人的理性思维能力，二者相互影响，其结果是文字符号日益退出人的智性生活，这对于大众来说是一种文化的堕落，而对于文字符号和阅读行为来说则意味着一种被取代、被放弃的威胁。在瓦尔德眼中，阅读是一项需要大量智力投入的语言运用活动。"阅读只不过是听一段独白：字符的视觉效果转化为内心话语的听觉效果。通过使交流在没有说话人和听话人的情况下都成为可能，印刷的字母文字刺激了智力的倾

---

① ［加］麦克卢汉：《理解媒介：论人的延伸》，何道宽译，译林出版社 2011 年版，第 128 页。

② ［法］卢梭：《论语言的起源：兼论旋律与音乐的摹仿》，洪涛译，上海人民出版社 2003 年版，第 32 页。

向，即概括而忽略感性的倾向。"① 阅读不单是一种内心活动，而且是循着语言与理性的先导，与原作者的思想进行的对话与交流。瓦尔德认为，人的创造性活力正是来源于阅读、教育、沉思和交流，因为在这些活动中，人通过自身的理性思维能力对有限的信息进行组织和整合，产生新的知识和价值。"人是物质组织中唯一一个输出信息多于输入信息的系统，因此人是负熵的永久来源。他以其无穷无尽的创造力，通过加强组织来反对无组织，通过丰富分化的过程来反对同一化。"② 这种创造性力量的发挥离不开符号，因为只有符号能够赋予万事万物以意义，能够以语法规则保障思维的合逻辑性，能够提供隐喻、范畴、定义等思想形成必不可少的要件。

瓦尔德认为，大众媒介对公众的符号感知产生了四个方面的消极影响：

第一，深度的消失和平面感知的扩大。毫无疑问，直播能够让我们看到千里之外正在发生的事情，能够让我们了解外在世界的各种奇观，但是这只意味着世界在平面维度的扩展，却并不能展示世界的"深度"之维。世界的"深度"之维包括事物的同一性、本质与规律、

---

① Henri Wald, *Homo Significans*, Bucureşti: Editura Enciclopedică Română, 1970, p. 65.

② Henri Wald, "Structure, Structural, Structuralism", *Diogenes*, Vol. 17, No. 66, 1969, pp. 15—24.

范畴与关系等，它们不是自然本身就有的，而是人的意识构建的结果，比如质点、匀速运动、等价劳动等，这类事物和关系更适合用语言文字而非图像来表示。图像符号更适合表现自然事物的多样性和感官特性，如形状、色彩、动作等。电视媒介对世界的呈现必然以其所擅长感官性和多样性为基础，而这就造成了公众对事物的平面化感知强化和深度感知能力减弱。"由此，世界的'深度'之维失掉了，'深度'之维要求人的思考，而仅存的表面性维度只要求人们'凝视'。"[1] 在瓦尔德的语境中，与凝视相对的是思考。凝视是在无限繁杂的物象和信号中艰难地保持聚焦，是由眼入心的情感刺激，是一种摒弃思考和批判的冷漠姿态。

第二，观众通过语言符号与作者之间的交流被切除，沦为符号接收的机器。面对海量信息的轰炸，观众不再能够进行有效的甄别和提取，而是被动地"照单全收"。在电视机面前，信息轰炸阻断了冷静思考的进程，人的大脑不断处理着倏忽而逝的信息流，而实际上真正留存其四中的却很少。换句话说，在观看电视节目时，大脑的语言符号处理功能和思考空间是处于闲置状态

① Henri Wald, "Mass Media And Creative Thinking", eds. Edward D. Angelo and David H. DeGrood, *Contemporary East European Marxism*, Amsterdam：B. R. Grüner Publishing Co., 1980, pp. 29–38.

的，支持大脑运转的能量被分配到接收海量信息的工作区域中去，从而造成了符号感知中图像感知的敏感和语言符号感知的麻木。

第三，符号感知的单一化和同质化。瓦尔德说："视听大众文化再次产生了一个整体性的，共时性的和万花筒式的世界观。"① 电视传播的图像符号突破了语言的差异性，它要求观众以同样的感知模式去接受，要求世界各地的观众在同一时刻守在电视机前，以同样快速和整体性的方式感知信息。正如历史学家艾瑞克·霍布斯鲍姆（EricHobsbawm）所说："它（广播、电视等大众媒介）带来的诸多影响之中，最重大、最深刻的便是依据一个严格规定的时间表，将众人的生活同时予以私人化与固定化。"② 最终，这种统一的要求转变为对视听语言的同一性感知，这与文字符号感知的自由性和个体性是完全不同的。

第四，对符号的情感感知压倒了理性的思考，导致了人们在思想上的懒惰和批判能力的丧失。图像符号所

---

① Henri Wald, "Mass Media And Creative Thinking", eds. Edward D. Angelo and David H. DeGrood, *Contemporary East European Marxism*, Amsterdam: B. R. Grüner Publishing Co., 1980, pp. 29 - 38.

② ［英］霍布斯鲍姆：《极端的年代：1914 1991》，郑明萱译，中信出版集团，2014 年版，第 246 页。

展现的万花筒式的世界景象既刺激着人们的感官，也引诱观众停留于这种感官享受而忽视了由现象深入本质的认识途径。理性思维是一种艰辛的劳作，是感官经验的提纯，是归纳和概括，是新思想的生产过程。而感官层面的感知却是一种无需付出大量精力的行为，任凭信号在人的感知器官中流动。感官经验最终不是归为理性的分析，而是变成情感的扰动，因而它也成为意识形态操控的手段，种种关于权力、关于自我、关于服从的观念通过感官－情感的通道深入人的意识或潜意识，塑造并规训着人们的观念和行为。

显然，针对大众媒介对人的感官经验的恢复，瓦尔德与麦克卢汉的态度是完全不一样的，瓦尔德站在创造性思维的立场上，激烈地反对感性的膨胀对理性思维的压抑，对语言文字符号的衰落感到忧虑。符号是人创造的，人们在使用过程中不断保持符号的隐喻能量，不断刷新符号的表意功能，而当人们习惯于电视媒介，满足于图像符号的表意模式，语言文字符号就面临着消失的威胁。瓦尔德尖锐地指出："无论媒体传达的信息多么宝贵，它们都无法扭转信息标准化和创造性思维被削弱的趋势，等待信息的人的数量不能影响信息本身的质量。"① 他反对将信息与意义混为一谈，反对将原始神话与现代神话不加区别地看待。在他看来，信息数量与规模的增加并不意味着意义和价值的扩大，机器可以处理海量的符号信息，但只有人才能将信息转化为意义，从而反过来指导实践。麦克卢汉将人众媒介和口头文化的兴起视为重新回到部落化的开端的观点是错误的，因为他将"整体的"与"综合的"生活混淆了，原始社会中没有主体与客体、感官与理性之分，人类的生活形态是整体的，大众媒介的兴起只能导致更高形态的综合，而不是重新回到神话语言的整体形态。

三、"信号"与"符号帝国"

对信号（Signal）和符号（Sign）的区分在恩斯特·卡西尔那里被视为人类认识能力的巨大飞跃，发明和使用符号被他视为人的本质特征。他的学生苏珊·朗格进一步深化了这种区分，认为信号是一种由此物到彼物的直接代替，是直接面对自然的变化并做出的即时反映。符号与信号最大的区别在于，符号中增加了概念和逻辑的因素，因而成为人特有的能力。瓦尔德对符号与信号的区分除了借鉴这二人，还创造性地吸收了巴甫洛

---

① Henri Wald, *Limbaj Și Valoare*, București: Editura Enciclopedică Română, 1973, pp. 110—111.

夫（Pavlov）的"信号系统理论"。巴甫洛夫将自然中发出的可直接被动物的视觉、听觉、嗅觉等感官系统所感知的信号集合称为"第一信号系统"，而人的高级神经活动，即主要来源于语言及其带来的对逻辑、概念和意义的感知，被他称为"第二信号系统"。他认为，第二信号系统是对第一信号系统的抽象和概括，同时又对新的结果进行了分析和综合，而这一系列活动的关键因素是语言①，语言符号超越了信号反应的即时性和直接性，体现了人类创造力和适应能力的高度发展。

借助巴甫洛夫的理论，瓦尔德注意到，卡西尔和苏珊·朗格都已经认识到了信号的直接性与符号的建构性之间的区分，但他们将这种区分建立在人的认识和感知机制的基础上，以逻辑的有无将语言符号与艺术符号对立起来，同时将焦点放在情感符号上。这种观点忽视了语言在区分二者时所发挥的分界点作用，同时将语言与艺术、审美完全分离，看不到它们之间的联系。但是，瓦尔德也看到了巴甫洛夫"信号系统理论"的缺失，后者完全从生理学的角度阐释语言，无法就语言的意义、价值、社会性、历史演变等问题给出合理的解释。瓦尔德引用罗杰·加洛蒂（Roger Garaudy）的观点——

---

① 参见［苏］巴甫洛夫：《巴甫洛夫选集》，吴生林、贾耕、赵璧如等译，科学出版社 1955 年版，第 339 页。

"第一信号系统是在动物与自然的直接关系过程中诞生的，第二信号系统是在人与社会的关系过程中，在人通过社会关系与自然的间接关系过程中诞生的"① ——重新将符号的产生放置在社会历史的语境下，肯定了生产实践和交往行为在符号产生过程中的作用。

在对符号与信号进行区分的基础上，瓦尔德敏锐地发现，现代社会的发展有从符号退化为信号的危险。

首先，符号退化为信号的危险表现在人们对符号的意义维度的忽视，而将注意力完全集中在感官层面。信号是一种感官层面的刺激，但符号的优越性恰恰在于它能够传达意义和价值，从而把人的意识从对待当下事物的直接反应中抽离，将过去的经验和未来的期待集中于当下。当今社会，这种符号化的生活方式正在逐渐远去。如果说符号化的生活方式是阅读、冥想和独白，那么信号化的生活方式就是观看、娱乐和享受，就是沉溺于感官刺激之中。将符号贬低为信号，就是沉溺于肤浅的表面而放弃对事物内在本质的追寻。大众媒介给予人们的是万花筒式的幻象和诱惑，它只允许人们接收这些感官刺激，产生情感上的本能反应，以满足人的欲望。人们在获得愉悦和快感的同时，驯顺地接受一种给定的

---

① 转引自 Henri Wald, Introduction To Dialectical Logic, București: Editura Academiei, 1975, p. 77.

身份，主动放弃那种由现象到本质的深度感知模式。由此，消费、娱乐和感官刺激代替了批判的符号意识，代替了对意义和价值的追求。

同时，符号退化为信号的危险表现在符号感知过程日益机械化和重复化，从一种创造性的思维过程变成了一种条件反射式的信息接收和本能反应。波兰马克思主义哲学家亚当·沙夫（Adam Schaff）也对符号和信号进行了区分，他特别强调信号的约定性、临时性和使动性，认为"这种指号的目的是要唤起、改变或制止某人的某种行动"①。对于日常交际来说，信号提高了效率，同时也增加了行动的灵活性。和沙夫一样，瓦尔德也认为信号与效率紧密相连，但他是站在对机械化和重复化的批判立场上来看待效率问题的，"令人眩晕的技术发展趋向于将精神意义简化为物理信号，将时间简化为空间，将历史简化为一个简单的序列，而不是进化"②。现代技术文明以追求效率的最大化为目标，效率逐渐从一种生产要求转变为价值要求，成为衡量一切实践活动的标准，在效率面前，标准化、平面化的操作模式更具有可重复性，因而能够降低消耗，增加产出。符号与信号

①　[波]亚当·沙夫：《语义学引论》，罗兰、周易译，商务印书馆1979年版，第183页。

②　Henri Wald, *Homo Significans*, Bucureşti：Editura Enciclopedică Română，1970，p. 74.

不同，对信号的理解是可以随意约定的，对符号的理解则需要通过教育、训练和文化熏陶，符号不仅负载着意义，而且这些意义随着历史社会语境的变化而不断变化、累积，因而符号存在多义性。信号则不同，它通过临时的约定确保指示行为的准确性和单一性。从这个意义上说，信号比符号更适合机械时代对效率、准确性的追求。也正是这个原因，机器更多地是用信号作为内部运转的规则逻辑，电脑程序的基本行为语法是"如果A则B"，即满足某种条件（信号）就执行某项命令。瓦尔德认为，这样一种信号化的思维方式具有扩张性和侵蚀性，它使符号化思维方式的生存空间被不断压缩，导致符号世界日益转变为信号世界。

符号不仅面临退化的威胁，也面临无限增殖、无限膨胀，从而演变为"符号帝国"的威胁。在《人的意义》中，亨利·瓦尔德不无伤感地写道："除了可怕的滔滔不绝，什么也看不到。个性、主体性和人的自由在符号网络的眼中流动……文化只剩下一个巨大的符号帝国，在这个帝国里，人消失了。"[1] 在这里，他使用了"符号帝国"一词，目的是描述当今社会存在的符号无限增殖，同时日益肤浅化、平面化的状况。"符号帝国"

---

[1] Henri Wald, *Homo Significans*, Bucureşti: Editura Enciclopedică Română, 1970, p. 30.

一词来自法国哲学家、符号学家罗兰·巴特的同名著作。在这本书中，罗兰·巴特对日本文字和文化符号中的无深度特征激赏无比，他兴奋地写道："在这个国度（日本）里，施指符号的帝国如此之广阔，它超过了言语的范围，乃至使符号的交换依然保留着一种迷人的丰富性、流动性和微妙性。"① 在他看来，日本文字和其他日本文化符号（如饮食文化、装饰艺术等）普遍缺乏一个需要深度感知的现象－本质模式，它更像是一个辽阔无边的符号的延伸和展示。他使用"符号帝国"一词实际上是带着褒义的（至少是中性的），与"符号帝国"对立的是帝国霸权和中心、权力，而"符号帝国"内部指向的是多元、差异、美和自然。

但是，亨利·瓦尔德借用"符号帝国"这个词，却改变了其原意。他对罗兰·巴特对日本文字与文化符号的推崇不以为然，在瓦尔德看来，符号意义的空无以及这种"空符号"的大量涌现不过是一种混乱和迷失。感性能指与符号意义之间的距离对于一个符号来说是必不可少的，正是因为这个距离的存在，才使符号具有沟通过去与未来，代表不在场之物，表达人的价值判断的功能，距离越大表明符号的内涵越丰富，也表明人的创造潜能得到了更

---

① ［法］罗兰·巴特：《符号帝国》，孙乃修译，商务印书馆 1994 年版，第 12 页。

大程度的发挥。失去了这种距离也就意味着符号的意义和价值的丧失，符号便降格为信号，成为感官刺激追寻的猎物。由此，瓦尔德不再将"符号帝国"作为对日本文化的特指，而是指向当前时代随着消费主义和大众媒介的兴起而导致的符号泛滥的状态。这些符号的数量急剧增多，但缺乏意义和价值的深度，日益沦为对当下世界的感性反应。在这个"帝国"中，符号无处不在但又了无所指，其意义和价值连同人本身都失落了。

实际上，信号化与符号帝国可以看作符号在当代文化中急剧退化的两个征候，它们同时又是相互交织缠绕、互为因果的。一方面，符号的信号化使意义空间被无限压缩，因此个体差异性就必然向无限衍生，这是造成符号帝国的原因。另一方面，现代商品经济的发展和消费领域的扩展也使符号泛滥，符号失去了深度，沦为扁平化、即时性的信号。瓦尔德并没有将这两者分开，在他眼中，造成这两种现象的原因归根结底只有一个，那就是人们对创造性思维的放弃和对文化、价值的轻视。只有重新拾起这些被遗忘的东西，才可能解决语言符号的危机。

结　语

综上所述，亨利·瓦尔德从非理性主义、大众媒介和符号信号化三个角度出发，对当代社会的符号文化进行了深刻的批判。在瓦尔德看来，语言符号始终是人类理性与情感相互融合的领域，语言符号的危机从根本上说是人的整体性生活的危机，走出这种危机的根本途径是重新确立人的理性、情感、道德、审美之间更高层次的平衡。瓦尔德曾说："诗歌不是符号的人工组合，而是通过语言媒介在思想中凝结的情感和激情。机器不能作诗，因为它们在发生故障时不会受苦，在工作时也不会享受，因为它们在错误时不会感到任何痛苦，在成功时也不会感到快乐，因为他们不知道自己在做什么。人对任何机器的最终优势在于其将焦虑不安的心理转化为观念的能力。没有机器能够提问，尤其是质疑、否认和创造。只有人类的思维才能怀疑、挑战和构想新事物。"① 今天，亨利·瓦尔德所描述和批判的现象仍然存在，甚至愈演愈烈，而无论是对抗历史虚无主义，还是回答 AI 时代"人是什么"的问题，他的思考对我们来说都不无助益。

---

① Henri Wald, *Homo Significans*, Bucureşti: Editura Enciclopedică Română, 1970, pp. 105-106.

中国阐释与阿格妮丝·赫勒美学
思想的定型①

张成华

摘　要：相较卢卡奇对美学的重视，卢卡奇的学生阿格妮丝·赫勒却相对较少的讨论美学问题。赫勒有美学方面的著述，不过，总体上看，她的美学思想是在中国阐释中定型的。20世纪90年代衣俊卿等学者为回应和解释中国现代化进程，翻译和阐释了赫勒的《日常生活》等著述；此后，傅其林等学者基于自身的学科背景挖掘并阐释了赫勒思想的美学方面，并基于对其美学的阐释切入对赫勒整体思想的研究。中国学者先于赫勒本人及其国外研究者发现并阐释了赫勒的美学思想。同时，中国学者对赫勒美学思想的研究在赫勒那里得到回应和确证。2007年和2018年，赫勒两次来中国。由于朱立元、傅其林等邀请者的学

① 本文系国家社科基金青年项目"南斯拉夫马克思主义文艺理论批评研究（1945—1989）"（项目编号：19CZW004）阶段性成果。

术背景，赫勒在中国留下的文本大多是关于美学的。在这些美学文本中，赫勒确证和发展了自己的美学思想；同时，通过这些美学文本，她也确证了中国学者对其美学阐释的正当性。至此，中国学者与赫勒本人在美学上完成了相互成就、相互确证。当然，赫勒的思想之所以成为中国学界的在场性存在，是因为其对人的生存的关注。赫勒对人的关怀及对人的生存境遇的阐述吸引并激荡着研究者，回应着研究者对当代社会中人的生存问题的追问。中国学者与赫勒一道将其美学思想引入其思想的核心。

关键词：阿格妮丝·赫勒；美学；中国；创建；在场

作者简介：张成华，华南师范大学文学院副教授，华南师范大学审美文化与批判理论研究中心成员，主要从事西方马克思主义文艺理论和东欧马克思主义文艺理论与文艺发展史研究。

Chinese Interpretation and the Formation of Agnes Heller's Aesthetics

Zhang Chenghua

Abstract: Compared to György Lukács's emphasis on aesthetics, Agnes Heller, a student of Lukács, had relatively less discussion on aesthetics. Heller wrote some works on aesthetics, but her aesthetics was constructed in the process of Chinese interpretation. In the 1990s, scholars such as Yi Junqing translated and interpreted Heller's works such as *Everyday Life* in response to and explanation of China's modernization process. Subsequently, scholars such as Fu Qilin explored and elaborated on the aesthetic aspects of Heller's thought due to their disciplinary background, and conducted the research of Heller's overall thought through aesthetics they interpreted. Chinese scholars discovered and elaborated on Heller's aesthetics before Heller and other reseonchers abroad. At the same time,

Chinese scholars' researches on Heller's aesthetics were responded and confirmed by Heller. In 2007 and 2018, Heller came to China twice. Due to the academic background of invitees such as Zhu Liyuan and Fu Qilin, most of the texts left by Heller in China are about aesthetics. In these texts, Heller confirmed and developed her aesthetics. Meanwhile, through these texts, Heller also confirmed the legitimacy of Chinese scholars' interpretation of her aesthetics. At this point, Chinese scholars and Heller have completed a process of mutual achievement and confirmation in aesthetics. The reason why Heller's ideas become a presence in the Chinese academic community is her concern for human. Heller's care for human and her exposition of human's living conditions keep attracting and stirring researchers, responding to their questioning of human's survival in contemporary society. Chinese scholars, together with Heller, introduced her aesthetics into the core of her thought.

Keywords: Agnes Heller; aesthetics; china; construction; presence

Author: Zhang Chenghua, associate professor of the School of Chinese Language and Literature,

member of the Research Center for Aesthetic Culture
and Critical Theory, South China Normal University,
specializing in Western Marxist literary theory and
Eastern European Marxist literary theory and literary
history.

　　相较于卢卡奇对美学的重视，阿格妮丝·赫勒
（Agnes Heller）——作为卢卡奇最杰出的弟子——却较
少地讨论美学问题。赫勒如是阐述她避开美学的原因：
"我的老师卢卡奇研究美学，他实际上也希望我研究美
学，但我不想做'第二小提琴手'。我尊敬卢卡奇，也
很感激他，但我不想模仿他，从一开始我就想走自己的
路。"① 对抗这种"影响的焦虑"的方法是绕开它，赫勒
确定自己的研究道路是伦理学。因此，2007 年，傅其林
对赫勒进行访谈时问道："您愿意谈谈布达佩斯学派美
学的主要思想吗？ 这个学派有一些共同观念吗？"赫勒
的回答是，或许那时她本人、马尔库什、瓦伊达等在研
究中或多或少涉及美学问题，但"除了费赫尔之外，美
学那时不是我们主要的兴趣"。② 这当然不是说赫勒没有

---

① 张笑夷、〔匈〕阿格妮丝·赫勒：《伦理学、现代性与马克思——
阿格妮丝·赫勒访谈》，《马克思主义与现实》2019 年第 4 期。
② 傅其林、〔匈〕阿格妮丝·赫勒：《布达佩斯学派美学——阿格妮
丝·赫勒访谈录》，《东方丛刊》2007 年第 4 期。

进行过美学方面的研究。赫勒 1994 年在纽约社会研究新学院（The New School for Social Research）讲授过美学课，其讲稿以《美的概念》（*The Concept of the Beautiful*）为名于 1995 年出版；她于 2000 年出版了一本研究莎士比亚的著作《脱节的时代》（*The Time is Out of Joint*）——当然，这本书的副标题是"作为历史哲人的莎士比亚"（"Shakespeare as Philosopher of History"）；赫勒还在 2005 年出版了讨论艺术、文学和日常生活中喜剧现象的著作《永恒的喜剧》（*Immortal Comedy*）。在 2018 年张笑夷对赫勒的访谈中，赫勒认为她学术生涯的第四个阶段即学术漫步时期（1995—2010）转向了对文化、文学、艺术的研究。[①] 当然，尽管这个采访的主题是"伦理学、现代性与马克思"，采访的时间却是赫勒参加"东欧马克思主义批判理论国际会议"期间；这次会议的主办方是四川大学文学与新闻学院、国家社科基金重大招标项目"东欧马克思主义美学文献整理与研究"课题组。赫勒本人能深刻地认识到语境的重要影响：漫步于各种会议之中，总要根据会议的主旨发言。[②] 阅读赫勒的学术自传《我的哲学小史》

---

① 张笑夷、[匈]阿格妮丝·赫勒：《伦理学、现代性与马克思——阿格妮丝·赫勒访谈》，《马克思主义与现实》2019 年第 4 期。

② Agnes Heller, *A Short History of My Philosophy*, New York: Lexington Books, 2011, p. 110.

（*A Short History of My Philosophy*）会发现，赫勒对
她第四个阶段的文化、文学、艺术等的研究虽然有所回
顾，但着重强调的似乎是伦理学和政治学。事实上，赫
勒的美学思想是挖掘和建构的产物。这个挖掘和建构的
主体既有赫勒的研究者，也有赫勒本人；赫勒的研究者
先于赫勒本人发现了她的美学思想。当然，无论是研究
者还是赫勒本人，都在中国语境中挖掘和创建着赫勒的
美学思想。

一、"理论的旅行"：赫勒思想中美学维度的中国发现与阐释

　　中国学界对赫勒著述的引入始自 20 世纪 80 年代。
这一时期，赫勒的一些著述被翻译成中文。这些翻译的
著述是中国学界接受赫勒的开始，却不是赫勒自身学术
的开始——如果将赫勒的学术开端锚定在她学徒时期
（1950—1964）结束的话。① 光军 1980 年翻译的《马克
思主义伦理学与东欧的未来》一文最初发表于 1978 年；
邵晓光、孙文喜 1988 年翻译的《人的本能》一书最初
出版于 1979 年。当然，这是理论的旅行可能的事实性
后果。同样的，在一种理论进入新的语境时，"必然会

---

　　① 张笑夷、［匈］阿格妮丝·赫勒：《伦理学、现代性与马克思——
阿格妮丝·赫勒访谈》，《马克思主义与现实》2019 年第 4 期。

牵涉到与始发点情况不同的再现和制度化的过程"①。赫勒在中国的再现和制度化大体上开始于 20 世纪 90 年代中国学者对她的《日常生活》一书的翻译和研究。关于赫勒美学思想的挖掘和阐释也从这一时期开始。

中国学界对赫勒的再现和制度化有两个决定因素：显的因素是研究者的学术背景；隐在的因素是中国的现代化进程。研究者的学术背景决定了对赫勒不同方面的聚焦。衣俊卿的哲学背景影响了他对赫勒的哲学、伦理学解读。当然，他从 2010 年开始主编"东欧新马克思主义译丛""东欧新马克思主义研究丛书"，必然诉求对赫勒著述的整体译介和研究。赫勒的美学也被置于这一整体性的计划中。傅其林的文艺学美学背景要求他聚焦于赫勒的美学思想。即使研究赫勒思想的其他方面，傅其林也会联系其美学思想或通过美学思想进行透视。傅其林对赫勒的研究从一开始就具有很强的阐释和再创造意味。当然，无论衣俊卿和傅其林的研究有何差异，他们以及其他研究赫勒的中国学者，都或隐或显地将对赫勒的研究置于中国现代化进程之中。衣俊卿在其 1994年出版的《现代化与日常生活批判——人自身现代化的文化透视》一书中，谈到胡塞尔、维特根斯坦、海德格

---

① ［美］爱德华·赛义德：《赛义德自选集》，谢少波、韩刚等译，中国社会科学出版社 1999 年版，第 138 页。

尔、赫勒等人的日常生活理论时强调："促使我进行日常生活批判的原动力并不只是现代哲学、人类学、文化哲学、历史哲学，以及西方日常生活批判理论的进展，而主要是中国现代化进程的实际进展。"① 傅其林在其2004年完成的博士学位论文《阿格妮丝·赫勒审美现代性思想研究》（2006年成书出版）结尾处指出："中国走向现代化的道路是曲折的、漫长的，它呈现出一定的复杂性与特殊性……赫勒的审美现代性思想作为一个他者，可以促进人们思考中国的现代性与审美现代性问题。"②

　　基于上述两个原因，赫勒的美学思想在中国被发掘和再阐释。这方面的代表性成果是傅其林的《阿格妮丝·赫勒审美现代性思想研究》。当然，这种阐释和再创造并非从傅其林开始。1998年，陈学明、吴松、远东主编出版了列斐伏尔、赫勒论日常生活的著作，其书名是《让日常生活成为艺术品——列菲伏尔、赫勒论日常生活》。如果这本书还只是强调了赫勒日常生活理论中的艺术维度这一点，1997年张政文、杜桂萍发表的《艺术：日常与非日常的对话——A.赫勒的日常生活艺术

---

① 衣俊卿：《现代化与日常生活批判——人自身现代化的文化透视》，黑龙江教育出版社1994年版，第1—2页。

② 傅其林：《阿格妮丝·赫勒审美现代性思想研究》，巴蜀书社2006年版，第354—355页。

哲学》则基于赫勒的日常生活理论系统阐释了艺术之于日常生活的重要意义。这一阐释既来自赫勒的日常生活理论，又是对其的进一步拓展。相较于此前的研究，傅其林对赫勒美学思想的发掘和阐释更为系统。这里的系统当然不是或不仅是指完整——他几乎研究了赫勒所有的美学著述以及与美学相关的观点，而更是指他基于美学这一视角透视赫勒的整个思想体系，尤其是赫勒的现代性思想。同时，傅其林将赫勒的美学思想置于西方审美现代性发展的脉络中，更能凸显赫勒思想的独特性及其意义和价值。正因如此，当傅其林 2006 年出版博士学位论文时，赫勒在为其写的序言中如是强调这一研究的意义："起初我很吃惊，然而瞬即意识到，傅其林的路径不仅是合理的，而且具有启发性。他不仅能够说明贯穿于我许多著作中对美学的关注或者兴趣，而且能够对我的现代性理论、伦理学和历史哲学获得新的理解。"[1]

赫勒从两个方面肯定了傅其林对她的研究：对其美学思想的挖掘和阐释以及这种挖掘和阐释对理解她的现代性理论、伦理学、历史哲学可能的价值。傅其林对赫勒的研究当然主要聚焦于前一点，即对其美学思想本身

---

[1]　傅其林：《阿格妮丝·赫勒审美现代性思想研究》，巴蜀书社 2006 年版，"序言"第 2 页。

的阐释，但他的落脚点却是赫勒本身所真正关注的问题——当代人的生存境遇。傅其林将他著作的最后一节命名为"走向一种新的人道主义美学"，并且指出："通过赫勒的审美现代性思想的考察，我们始终感觉到一股人道主义美学的暖流。她对美学领域的关注的基点在于解决现代性中的人的问题……（她）把美学研究与对现代人的关注，对人的本质、人的存在、人的可能性发展的现实问题联系起来。"① 或许傅其林的这段解释是对的。不过，进行这种明确阐发的不是赫勒本人，而是傅其林，是他将赫勒美学思想导入赫勒真正关注的问题。

此后，中国学界对赫勒美学思想的研究与其说是沿着傅其林的路径进行，不如说是沿着赫勒本人认同的路径进行。但傅其林的路径与赫勒认同的路径并不完全一致。赫勒更强调美学之于理解其整个思想的意义，而傅其林以及衣俊卿则将落脚点放在中国的现代化进程中。当然，这种差异在此后衣俊卿、傅其林等学者对赫勒的深入研究中会极大缩小。

对赫勒本人的美学思想进行更细致、深入的研究，真正理解赫勒的美学思想并没有什么问题。此后对赫勒美学思想的研究至少从两个方面不断扩展、深化。第

---

① 傅其林：《阿格妮丝·赫勒审美现代性思想研究》，巴蜀书社2006年版，第350页。

一，对赫勒美学思想关涉的不同维度、层面、问题的探讨。比如，关于赫勒审美观念、喜剧思想、赝品观念、伦理美学、文化批判理论等方面的研究。第二，探寻赫勒美学思想的理论渊源、时代背景、美学与其整个思想体系的关系及其意义和价值。上述方面的研究既阐释了赫勒美学思想的创新性、独特性，又确证了赫勒美学思想的时代意义——或者说，赫勒认为审美之于时代的价值。

以上两方面对赫勒美学思想进行研究的依凭和落脚点都不再是——至少不明确指向——中国的现代化进程。或许是因为时代变了。衣俊卿在最初对赫勒等人进行研究的时候"正置身于空前的大变革时代，处于传统与现代之间的十字路口的成千上万的普通中国人中间，正在萌生着走出熟悉的日常生活世界，进入充满竞争又充满创造性的非日常世界之中的历史涌动"①。而21世纪的中国已经在很多层面上与世界交融、互通。或许中国在很多方面是独特的，但在全球化时代，中国也与其他国家共享了很多相同的方面。我们只要阐释清楚赫勒关于审美之于时代的意义和价值就够了。

不过，赫勒应该不会反对中国学界对其美学思想的

①　衣俊卿：《现代化与日常生活批判——人自身现代化的文化透视》，黑龙江教育出版社1994年版，第2页。

发掘和阐述，也不会反对将其美学思想引入中国的社会语境。毕竟，赫勒明白，真正需要对一种思想负责的人不一定是思想家，而是阐释者。"如果思想家只为他的思想可以预见的后果负责，那么，结论应当是，不是思想本身（正因为思想不是人），而是思想的接受者应当承担责任。"① 赫勒构建了自己的思想，但这一思想如何被再阐释既不受她控制，也不需要她负责。

二、"新语域的召唤"：中国语境中赫勒本人美学思想的确证和发展

赫勒本人十分清楚语域的力量。对赫勒这样遵守语境的语义潜势的人来说，语域——"与特定的语境类型相联系的语义潜势"② ——的影响就更大了。因此，当赫勒参加各种会议时，总需要根据会议要求进行发言；当然，赫勒不会两次用同一种语言讲述同一个内容，也不会讨论已经发表的内容。这就要求赫勒根据不同的要

---

① ［匈］阿格妮丝·赫勒：《卢卡奇的晚期哲学》，衣俊卿译，载［匈］阿格妮丝·赫勒主编：《卢卡奇再评价》，衣俊卿等译，黑龙江大学出版社 2011 年版，第 232—233 页。

② ［澳］M. A. K. 韩礼德：《作为社会符号的语言：从社会角度诠释语言与意义》，朱永生导读，外语教学与研究出版社 2001 年版，第 111 页。

求创造新的讲述内容。[①] 毕竟，语域"是准则系统（它们的规则能够被打破或者改变或者戏仿），具体规定了在特定的时间和地点中什么能够和不能够被说出"[②]。

中国学界首先让赫勒确证了她的美学研究。傅其林在 2006 年出版他的博士学位论文时，赫勒为其写了序言。之所以如此，是因为赫勒在傅其林的著作中不仅看到了对她美学思想的挖掘和阐释，更看到了其对她的美学思想的确证。当然，也可以说，她确证了傅其林研究的正当性。正如赫勒指出的，尽管在她的著作中审美和艺术问题只是间接被讨论的，不过，"事实上，审美的维度在我的著作中无处不在……并且，我越来越直接的转向审美和艺术问题"[③]。这种确证的进一步巩固是傅其林等人对赫勒的采访。如前所述，因为傅其林等人的学科背景，他们在采访赫勒时总是不断回到美学这一主题。这些采访的主题就很能说明这个问题，比如，《布达佩斯学派美学——阿格妮斯·赫勒访谈录》和《关于马克思主义与美学问题的对话》等。其中，《关于马克

---

① Agnes Heller，*A Short History of My Philosophy*，New York：Lexington Books，2011，p. 110.

② John Frow，*Marxism and Literary History*. Cambridge（Mass.）and Oxford：Harvard University Press，1986，pp. 68－69.

③ 傅其林：《阿格妮丝·赫勒审美现代性思想研究》，巴蜀书社 2006 年版，序言第 4－5 页。

思主义与美学问题的对话》是一个很有意思的采访。这个采访是真正的关于"马克思主义"与"美学"的对话，如果说前半部分勉强算作关于马克思主义的话，后半部分则转向了美学——无论起始的问题是什么，最终的落脚点总是关于美学的。

与以上采访类似的是赫勒在中国的一系列讲座以及会议发言。2007 年和 2018 年，赫勒两次来中国。因为邀请者朱立元和傅其林的学科背景，在这两次中国之行中，赫勒留下的发言、讲座绝大多数都是关于美学的。这些发言、讲座后来被整理成文字稿，题为《艺术自律或艺术品的尊严》《对后现代艺术的反思》《情感在艺术接受中的地位》等。① 2018 年，傅其林发起并召开了第一届"东欧马克思主义批判理论国际会议"。目前已召开的 3 次会议虽然在题目上没有特别强调美学，但因为其依托的国家社科基金重大招标项目"东欧马克思主义美学文献整理与研究"以及傅其林的学科背景，其总体学术倾向是美学。正因为如此，赫勒在这次会议上主旨发言的题目是《卢卡奇与托尔斯泰》。

那么，语域对赫勒的影响究竟有多大呢？或者说，

---

① 这些文本并非都是赫勒首次在中国呈现。比如，《情感在艺术接受中的地位》一文最初收录于 Klaus Herding，Bernard Stumpflaus（eds），*Pathos*，*Affekt*，*Gefühl*：*Die Emotionen in den Künsten*，Berlin：Walter de Gruyter，2004，pp. 244-259.

在语域的压力下，赫勒做了哪些改变呢？这一点很难讨论。毕竟，赫勒在中国留下的关于美学方面的文本并没有那么丰富。这些有限的文本即使在主题上都与美学、艺术相关，我们也很难看出其内在明显的关联。至于明显的美学规划或基于中国语境思考问题，那更纯粹是苛责。在美学方面，赫勒本就没有明确的规划——至少相较于其伦理学、现代性研究是这样的，况且这些关于美学的讨论还出现在她的学术漫步时期。

当然，这不是说赫勒在中国留下的这些文本没法讨论。事实上，国内关于赫勒美学思想的所有总结都适用于描述赫勒的这些美学文本。例如，冯宪光总结了赫勒美学思想的四大创新性特色：反思性、批判性、实践性、返本开新；[1] 傅其林阐述了赫勒美学思想相较于卢卡奇的转变——此在取代存在；[2] 王静从文化批判的视角考察赫勒的美学思想。[3] 这些研究和探讨当然可以用于解读赫勒在中国留下的文本。不过，就这些文本本身来说，或许主要有两方面的意义：

---

[1] 冯宪光：《赫勒美学理论的创新性特色》，载王杰主编：《马克思主义美学研究》，第 24 卷，东方出版中心 2022 年版，第 401—412 页。

[2] 傅其林：《从存在向此在的嬗变——赫勒摆脱卢卡奇框架的新马克思主义美学》，《文艺理论研究》2014 年第 2 期。

[3] 王静：《作为文化批判的审美——赫勒美学思想研究》，黑龙江大学出版社 2017 年版。

一方面，赫勒的这些文本确实拓展了其美学思想的一些新的维度。语域的压力既没有改变赫勒关注的核心问题——当代人的生存状况或如何生活，也没有改变赫勒探讨这一核心问题的方式——对此在的关注。不过，同一个问题与相同的方法总能在不同的层面获得不同的讨论。比如，对美的概念及艺术的作用的讨论并没有完结于赫勒 1995 年出版的《美的概念》，还可以在其《艺术自律或艺术品的尊严》中获得进一步的拓展并从艺术品的尊严这一不同的角度进行讨论；对其老师卢卡奇的评价不一定止步于她写的《卢卡奇再评价》，也可以在《卢卡奇与托尔斯泰》中继续反思；关于后现代的讨论，除了讨论后现代政治的《后现代政治状况》，也可以在《对后现代艺术的反思》中分析后现代艺术的特点与价值。赫勒在中国留下的这些文本既确证了她已有的思想，又从不同层面拓展和深化着她已有的研究。

另一方面，赫勒在中国留下的这些文本既成为国内学者证明自身对赫勒美学研究正当性的手段，又成为国内学界研究的对象。首先是自我确证。赫勒的行为及其文本让中国学者确证了讨论赫勒美学的正当性。她与傅其林的近百次电子邮件联系①及为其专著作序肯定了傅

---

① 傅其林：《宏大叙事批判与多元美学建构——布达佩斯学派重构美学思想研究》，黑龙江大学出版社 2011 年版，第 318 页。

其林对其研究的正确性。她的那句"审美的维度在我的著作中无处不在"更是中国学者进入赫勒美学研究的指引。而赫勒在中国的讲座及发言中对美学问题的讨论在证明中国学者对其美学研究的正当性的同时，也召唤着国内学者重新思考其美学思想。在第一届"东欧马克思主义批判理论国际会议"上，秦佳阳以向赫勒致敬的姿态做了题为《审美活动的主体间性——论艺术作品的尊严》的发言。这个发言实质上是从赫勒《艺术自律或艺术品的尊严》一文反观和阐释赫勒之前的美学思想。正如秦佳阳指出的："在审美活动中，赫勒尤为重视爱与情感在艺术作品中的重要地位，关注审美主体与艺术作品的情感，交流与精神对话，使艺术作品在情感上与尊严上得到尊重，体现出审美的主体间性。这一点也是赫勒人道主义精神的主要体现。"①

中国学界对赫勒美学思想的阐释是发展当然也是偏离赫勒原来的思想体系的。不过，赫勒与中国学者的联系以及她的几次中国之行却确证了这种偏离的正当性。事实上，中国学界与赫勒本人构成了一种相互成就、相互确证的关系：中国学界阐释和再创造了赫勒的美学思

---

① 秦佳阳：《审美活动的主体间性——论艺术作品的尊严》，《中外文化与文论》，第41辑，四川大学出版社2019年版，第287-288页。

想，确证了赫勒思想中的美学维度；赫勒的中国之行确证了中国学界对其研究的正当性并基于中国学界的研究发展出自己的美学思想。

二、"在场"与赫勒美学思想在中国的价值

国内学界对赫勒美学思想的研究与赫勒美学思想值得研究是两个纠缠在一起的问题。这两个问题的答案并不完全一致。影响国内学界研究赫勒美学思想的最直接的原因可能是国内文艺学美学专业的体制化以及研究者的导师的影响。当然，选择赫勒的美学思想作为研究对象必然与赫勒美学思想值得研究有关系。那么，赫勒的美学思想为什么值得研究？冯宪光关于赫勒美学思想的创新性（反思性、批判性、实践性、返本开新）的解释当然能够很好地回答这一问题。况且，赫勒还"一生献身于卢卡奇'复兴马克思'（的）事业"。[①] 尽管这一总结是后来的，不过，这确实能解释赫勒美学思想在中国被挖掘和阐释的原因。

当然，除了学术上的价值，赫勒美学思想之于中国学者以及中国学界的价值可能还在于或者应该在于其真正关注的问题让她成为中国学界在场的存在。沃尔夫

---

① 冯宪光：《赫勒美学理论的创新性特色》，载王杰主编：《马克思主义美学研究》，第 24 卷，东方出版中心 2022 年版，第 401—412 页。

冈·韦尔施（Wolfgang Welsch）指出："伟大的作品或理念……拥有跨文化的吸引力与魅力。"[①] 而在场是指："尽管那些作品或观点与我们可能存在时间或空间上的距离……尽管并非是为我们而造，它们似乎却在走向我们，对我们说话，我们被深深吸引甚至着迷。……不论时空距离我们都将它们视为在场的挑战，或视为一种蕴含让我们更敏感、更开放、更包容、更人性的潜力的财富。"[②] 赫勒的思想似乎就有这样的吸引力。她的思想不是面向中国学者和中国问题提出的，却让中国学者在中国语境中的追问获得某种回应。

如前所述，阿格妮丝·赫勒的思想是 20 世纪 90 年代中国学者在面临现代化转型时期的状况下被引入的。衣俊卿等学者希望借助赫勒等人关于日常生活的阐述，对中国现代化进程中的日常生活进行批判性的讨论。不过，随着中国社会的变化以及研究的深入，国内学者对赫勒的研究更切合赫勒自身的思想路径。或者说，是赫

---

① ［德］沃尔夫冈·韦尔施：《在全球化时代重新思考身份认同问题——跨文化视角》，载［斯洛文尼亚］阿莱斯·艾尔雅文茨主编：《全球化的美学与艺术》，刘悦笛、许中云译，四川人民出版社 2009 年版，第 182 页。

② ［德］沃尔夫冈·韦尔施：《在全球化时代重新思考身份认同问题——跨文化视角》，载［斯洛文尼亚］阿莱斯·艾尔雅文茨主编：《全球化的美学与艺术》，刘悦笛、许中云译，四川人民出版社 2009 年版，第 181 页。

勒对当代社会中人的境遇及生存方式的关注吸引着中国学者，回应着中国学者对当代社会中人的生存问题的追问。

事实上，赫勒一直将艺术当作解决当前人的生存困境的一种方式。在《日常生活》中，赫勒将艺术与科学和哲学并列当作发展人的自为的个性的方式。"在任何给定的历史时期，科学代表着达到最大可能性的类的意识，艺术代表着类的自我意识，哲学代表着达到最高可能性的知识和自我意识的统一。"① 艺术之所以能与哲学和科学并列，介入人与其所创造的世界的关系中，是因为"艺术是人类的自我意识，艺术品总是'自为的'类本质的承担者"②。赫勒从艺术之为艺术的本质层面或艺术的应然层面上讨论了这一问题。在赫勒看来，无论艺术与日常生活和日常意识的纠缠有多么明显，当艺术家进行艺术创作时，"（被日常生活所影响和建构的人的）特性的中止是完全的和毫无保留的，特殊艺术的同质媒介把创作代理人提升到类本质的领域"，并且，"当我们享受或'欣赏'艺术品时，我们同它的作者一样被提升

---

① ［匈］阿格妮丝·赫勒：《日常生活》，衣俊卿译，黑龙江大学出版社 2010 年版，第 254 页。

② ［匈］阿格妮丝·赫勒：《日常生活》，衣俊卿译，黑龙江大学出版社 2010 年版，第 103 页。

到类本质水平"。① 在这里，赫勒将艺术当成人与日常生活保持距离，摆脱日常生活同化的一种方式。赫勒在《情感在艺术接受中的地位》中指出，如果在日常生活中，"所有的情感、驱动力，所有的情感意向（爱、恨、嫉妒之类）都是以自我为中心"，那么，在我们欣赏一件艺术品时，我们就从日常生活中抽身出来，"悬置自己实用的、实际的功利，我们抛弃自己"，"脱离了自我干涉"，在这个意义上，"我是整个的眼睛和整个的耳朵，同时我向刺激敞开心扉——可以说——赤裸裸的，没有保留"。②

基于对艺术的一般特质的确认，赫勒探讨了很多问题。王静指出："赫勒从人的生存方式入手，为了寻求个体的人的解放，把审美作为她对资本主义文化反思与批判的总体维度，挖掘文化及文化批判的深层、丰富内涵，形成了独具特色的文化批判理论。"③ 将这一判断反过来说同样合理，即赫勒独具特色的文化批判理论以对人的生存方式的关注和寻求个体的人的解放为目的。毕

① ［匈］阿格妮丝·赫勒：《日常生活》，衣俊卿译，黑龙江大学出版社 2010 年版，第 103—104 页。
② ［匈］阿格妮丝·赫勒：《情感在艺术接受中的地位》，载阿格妮丝·赫勒著、傅其林编选：《雅诺什的面孔：阿格妮丝·赫勒美学文选》，商务印书馆 2020 年版，第 324—325 页。
③ 王静：《作为文化批判的审美——赫勒美学思想研究》，黑龙江大学出版社 2017 年版，第 4 页。

竟，赫勒的美学思想"是现代人寻求个体解放的广义政治学、伦理学"①。只是，赫勒是从此在层面而非存在层面探讨艺术之于人的意义的。或者如傅其林所指出的，赫勒明确表达的是："虽然美的概念和形而上学的家和艺术分离了，但是美能够在日常生活的人格中寻找到它的新家。"②

在赫勒那里，美之于此在、介入生活的价值在于其伦理学的指向——"美学不能取代伦理学，它是伦理学的花冠"③。美对于此在的个人来说总涉及应该怎么做的问题。对赫勒来说，追问纳粹统治之下的大屠杀要反思："人类为何能做出这样的事情？人类社会如何能不因这种行为而受到惩罚？"④ 而在当代这个不满意的社会，在一个"社会安排和个人成为偶然性的"社会中，个人要做的是如何获得满足。⑤ 而艺术则能让人在日常

---

① 王静：《作为文化批判的审美——赫勒美学思想研究》，黑龙江大学出版社 2017 年版，第 219 页。

② ［澳］约翰·伦德尔：《美学与现代性：阿格妮丝·赫勒论文选》，傅其林等译，社会科学文献出版社 2021 年版，"阿格妮丝·赫勒的审美之维（代序）"第 11 页。

③ 傅其林、阿格妮斯·赫勒：《布达佩斯学派美学——阿格妮斯·赫勒访谈录》，《东方丛刊》2007 年第 4 期。

④ 张笑夷、［匈］阿格妮丝·赫勒：《伦理学、现代性与马克思——阿格妮丝·赫勒访谈》，《马克思主义与现实》2019 年第 4 期。

⑤ ［匈］阿格妮丝·赫勒、［匈］费伦茨·费赫尔：《后现代政治状况》，王海洋译，陈喜贵校，黑龙江大学出版社 2011 年版，第 23 页。

生活赋予的特性之外，让人具有自为的个性，不至于随波逐流，也能让人在一个不满意的社会中以自觉的方式去选择自己的生活。这种基于此在的个人自我的自为个性成为将"是"导向"应该"的基础。而在赫勒那里，如果哲学是调解"是"与"应该"并将二者保持在一定的张力之中的途径，艺术也是。

因此，与其说赫勒的美学吸引着中国学者，不如说赫勒对人的关注更具有普遍的激发和激动人心的力量。"一个人人都有机会获得使他能够过上有意义生活的'天赋'的社会"、一个可以把日常生活变成为我们自己而存在的社会，"把地球变成所有人的真正家园"的愿景，激荡着我们所有人内心最深刻的渴望。对中国学者来说："从她的美学中我们可以目睹共和国的镜像，在一个被上帝遗弃的世界中美和对称性互惠呈现了这种镜像。"① 而中国学者与赫勒一起探索、发掘着艺术实现这一最深沉的愿望的可能。

结　语

或许"评价一位仍然健在的哲学家一生的工作总会令人尴尬"，只有在其死亡的那一刻"解释者才有资格

---

① ［匈］阿格妮丝·赫勒著、傅其林编选：《雅诺什的面孔：阿格妮丝·赫勒美学文选》，商务印书馆 2020 年版，"导论"，第 18 页。

谈论起意义的问题"。^① 不过，赫勒应该能理解和接受 2019 年之前对她的所有谈论和解释。毕竟，她的预见能力的限度正是她的责任的限度；解释者需要对自己的解释负责。虽然赫勒生前已经确认中国学界对其美学阐释的正当性，但解释的价值并非来源于此，而是来自其对解释者内心渴望的回应和重塑。赫勒的思想已经展示了它的魅力，它在向我们说话，如何追问和想要获得什么回应是解释者的责任。

---

① ［澳］约翰·格里姆雷：《阿格妮丝·赫勒：历史旋涡中的道德主义者》，马建青译，哈尔滨工程大学出版社 2022 年版，第 276 页。

卡尔·马克思《波恩笔记》 I／II[①]

陈浩东 译　周静 校

摘　要：卡尔·马克思《波恩笔记》I／II由两部摘记组成，分别摘录了鲁莫尔的《意大利研究》和约翰·雅各布·格龙德的《希腊人的绘画》两本著作。在对《意大利研究》的摘记中，马克思着重关注了基督教艺术特别是基督教绘画的发展历程。基督教艺术既是古代艺术的最低潮，同时也是现代艺术的最初萌芽。当时的现代艺术虽然已经从基督教艺术中脱胎而出，但受制于盛行的宗教偏见，难以撼动基督教艺术的主流地位。基督教绘画更倾向于非艺术的表现形式，彰显更古老的传统，特别是罗马式的印记，着力表现那些与基督教的关系较远，而较少暴露于宗派精神的事物。在对《希腊人

---

① 1842 年 4 月初到 5 月末期间，马克思在波恩阅读了大量关于宗教和艺术的作品，留下了七个笔记本的《波恩笔记》，打算脱离鲍威尔的《末日的宣告》一书，独立构思一部全新的宗教批判作品，但独立作品最终并没有完成。《波恩笔记》成为马克思和鲍威尔在马克思博士毕业后从合作到分道扬镳的文本见证（参见刘冰菁：《〈波恩笔记〉与青年马克思的唯物主义转向》，《哲学研究》2020 年第 8 期）。——译者注

的绘画》的摘记中，马克思着重关注希腊时期绘画的材质、颜料及关于线条和阴影等技法方面的内容。希腊时期的绘画最初将数学原理或建筑艺术的精神和规则奉为主臬。随着艺术实践的推进，一方面，绘画逐渐超越由感性主导的形象还原，开始运用知性去考量色调的强弱或在明暗中的变化，使得色彩成为绘画艺术思考的主要对象；另一方面，绘画从雕塑艺术中汲取了形体表现的技巧，从雕塑绘画的实验中首次发明了用线条勾勒出事物的阴影的表现方式，并开启了对光影和色彩表现力的探索。绘画的现代性从形式上表现为线条、光影与色彩的完美融合。《波恩笔记》Ⅰ/Ⅱ展现出马克思对西方艺术发展历程的兴趣，其中关于西方艺术的宗教传统、媒介变革和技术发展的重要摘记，暗示了马克思思考艺术史问题时的视角逐步发生了唯物主义转向。

关键词：《波恩笔记》；马克思；MEGA^2

译者简介：陈浩东，四川大学马克思主义学院博士研究生，主要研究领域：国外马克思主义和马克思主义美学研究。周静，上海交通大学人文学院博士研究生，研究兴趣为文化研究和马克思主义美学。

Karl Marx's *Bonner Hefte* Ⅰ / Ⅱ

Translated by Chen Haodong，corrected by Zhou Jing

Abstract：Karl Marx's *Bonner Hefte* Ⅰ/Ⅱ consists of two parts of Hefte from two works，*Rumohr Italienische Forschungen* and *Malerei der Griechen von Grund*. In his excerpts from *Italienische Forschungen*，Marx focuses on the development of Christian art in general and Christian painting in particular. Christian art was both the lowest tide of ancient art and at the same time the first germ of modern art. Although modern art at that time had emerged from Christian art，it was difficult to shake the dominant position of Christian art due to the prevailing religious prejudice at that time. Christian painting favoured non-artistic forms of expression，highlighting older traditions，especially Romanesque imprints，and focusing on things that were more distantly related to Christianity and less exposed to the spirit of sectarianism. In his excerpts from *Malerei der Griechen*，Marx focuses on the materials，pigments，and technical aspects of Hellenistic painting, such as line and shading. Painting in the Hellenistic period initially enshrined the principles of mathematics or the spirit and rules of the art of architecture. With the advancement of artistic practice, on the one hand, painting gradually transcended the reduction of image dominated by sensibility and began to use intellect to consider the strength of hue or changes in light and darkness, making colour the main object of artistic reflection in painting; on the other hand, painting drew the techniques of form expression from sculpture, and from the experiments in sculpture painting, it invented for the first time the expression of shadows by outlining things with lines and opened the way for the expression of light and shadow and colour expression. The modernity of painting is expressed formally in the perfect combination of line, light and shadow, and colour. *Bonner Hefte* I/II demonstrates Marx's interest in the development of Western art, with important extracts on religious traditions, media changes and technological developments in Western art, suggesting a gradual materialist turn in Marx's thinking about art history.

Keywords: *Bonner Hefte*; Marx; MEGA[2]

Translators: Chen Haodong, Ph. D. candidate at

the School of Marxism, Sichuan University, mainly engaged in the research of overseas Marxism and Marxist aestheties. Zhou Jing, Ph. D. candidate at the School of Humanities, Shanghai Jiaotong Univessity, with research interests in cultural studie, and Marxist aesthetics.

Ⅰ

鲁莫尔的《意大利研究》①

波恩 1842

鲁莫尔：意大利研究 柏林 1827②

第Ⅰ部分

"如果我们仅仅是在不带任何宗教或审美迷信的情况下，就去接近希腊艺术中的英雄与诸神，那我们当然

---

① Marx-Engels-Gesamtausgabe 2, Bd. Ⅵ/1, Berlin: Dietz, 1976, S. 293—299.

② 卡尔·弗里德里希·冯鲁莫尔（Karl Friedrich von Rumohr）在西方艺术史中有着重要地位，他是柏林艺术史学院的重要成员，有"现代德国美术史创造人"之称。他对艺术史的贡献在于把历史考证和文献研究的方法引入了现代艺术史的研究中。1827 年，鲁莫尔出版了《意大利研究》这一著作，集中对中世纪的意大利绘画和拉斐尔展开研究，他认为1530 年之后的时代是文艺复兴时期绘画的衰落时期。在这里，马克思对鲁莫尔这本书的摘记相对而言并不多，他摘记的内容主要是关于宗教艺术，特别是宗教绘画方面的内容。——译者注

无法从他们身上看到任何在普遍的自然生命中没有或未来可能展现的东西。因为所有这些属于艺术本身的形象都是以一种奇妙的有机塑造的方式来表现人类美好的习俗；而在此超越艺术之物在于对一种神秘观念的任意影射。至于说某种庞然大物，埋应要放人一个形象的原始尺寸，它很可能作为一种影响知性或感性想象力的标识，并招致战栗，但显然，它几乎没有改变这种形式的内在意义，就像形象的缩小一样，人们在截然不同的艺术层次上，对小巧精致的某种追求同样如此。"123 - 124 页。

"同样地，我们也不应该误解，在现代艺术中，例如在菲耶索莱（Fiesole）①以及类似的画家笔下栩栩如生的天使和圣徒身上，那些美丽的特征和表情只是纯洁的意志和对欢乐与爱的整个定在进行扬弃的自然类型；天堂是对超自然定在和事件的想象，在这里也通过任意的概念标识，如云彩、翅膀、光环等来提醒我们。"124 页。

"古老木制神像使帕萨尼亚斯（Pausanias）令人毛骨悚然，而黑色玛利亚（Schwarze Madonna）在基督教

---

① 菲耶索莱是15世纪中叶活跃在佛罗伦萨的一位意大利画家，被称为"菲耶索莱主显画大师"。他为佛罗伦萨省菲耶索莱的圣弗朗西斯科教堂创作了大幅主显节画像，因此得名。——译者注

的蛮荒之地被当作神的直接存在受到崇敬与膜拜，它们从来都不是真实而纯熟的艺术作品。相反，古典艺术似乎随着其生命力和表现力的增长而在大众中传播开来，它甚至驱散了多神教迷信的恐惧感，这种恐惧感的消失让不少古代的政治道德家感到惋惜。"125页。

"这种对立（异教和基督教艺术的对立），之所以存在，就因为它只涉及转折和关系，而不涉及整个艺术领域，因为它无处不是一个统一体。如果历史文献中关于现代世界宗教秘密的和实用的智慧都是以古典语言的概念和言语形式（Redeformen）表达出来，却没有人感到惊讶，也没有人感到新奇，那么，就不会有人反对我所说的，最早用绘画的图像方式来表现基督教理念的尝试，并不是自成一体的全新方式，而是在长期以来对古代艺术形式的延续中进行的，也就是依照古代的风格和技术；表现形式的改变首先取决于对象的要求。"158页。

"倘若暂且搁置争议，我们最古老的基督教艺术神像属于公元4世纪。然而，到了2世纪末，古罗马艺术在各方面的技艺都已大不如前，这一点从塞普蒂米乌斯·塞维鲁（Septimius Severus）的两座拱门中就可见一斑。"158，159页。

"因此，基督教最早的艺术创作并不像古希腊艺术那样缓慢而不间断地逐步发展，也不像其他一些艺术流派一样经历了 13 世纪的精神复兴再到拉斐尔时代的发展历程。159 页。它们属于古代艺术的最低潮，同时也是现代艺术的开端、起源和最初萌芽。"160 页。

"根据同样的规律（与希腊人等一样），现代画家和雕塑家的风格产生于基督教最早的艺术创作之中，始于古代艺术家们的古典风格，然后从早期基督教的风格演变而来，再通过各种中间环节演变为 14 世纪意大利人的风格；因此，人们可以追溯到拉斐尔最著名的作品……"162 页。

"然而，现代历史中那些最古老'的（基督教）艺术家的精神不可否认受到了限制，部分是出于当时的宗教偏见依旧强势，部分是出于王国在逐渐衰落中必然带来的精神的贫乏与消沉，以至于人们无法期望通过他们的作品来了解一切有关现代艺术家所肩负的使命是什么。"163 页。

"似乎早期基督更倾向于采用一种更简单的表现，这种表现在严格意义上是非艺术性的。尽管这种和另一种（指具象的）艺术路径交替出现，但那些只包含寓言和任意象征的神像，带有源自更古老传统的印记。""圣卡利克斯图斯（Calixtus）墓穴中的壁画就是一例。"165 页。 "在罗马圣斯塔·康斯坦萨（Sta Constanza）教堂的其他神像，和马赛克镶嵌的天花板绘画（Deckengemälde）上，也使用了巴克斯的象征。"

165—166 页。"例如，将古代英雄与圣经中的英雄进行对比，如忒修斯和大卫。"166 页注释。"在 9—11 世纪各种象牙雕刻中可以发现，升起的月亮和落下的太阳都由古代著名的人物形象来表现被钉在十字架上的人。"166 页。

"然而，在古代基督教的神像中，那些与其说属于艺术表现的领域，不如说属于暗示的领域，其大部分内容正是源于基督教的记忆、习惯和观念。167 页。正如鲁莫尔先前所述，凡是出现历史行动和表现的地方，像梵蒂冈羊皮纸卷轴中《约书亚记》的主要事件，都是对古代的模仿。"166—167 页。

"在那些以《圣经》中的比喻和重大事件为基础的寓言故事中，好牧羊人往往是最古老的。"167，168 页。

"无论如何，在纯粹的基督教寓言中，我认为最古老的是那些以圣经中的比喻为基础的寓言；而那些以《圣经》中的历史为基础的寓言则是最新的。众所周知，关于重生的暗示、先知约拿、拉萨路的复活、酒的变化等等典故都是最近才习以为常的。令我惊讶的是，这些典故总是出现在一些粗制滥造的神像上。也许人们认为只要暗示这种想法就足够了。"169—170 页。

"公元 5 世纪左右，宏伟的大教堂兴建起来，马赛克镶嵌画也随之兴起。"170 页。

"从最古老的马赛克镶嵌画表现开始，耶稣基督、使徒和先知们总是穿着非常传统的古代服装：身着长衫，外披披肩，赤脚穿凉鞋；而现代的圣徒们则身着华丽的原始服饰，双脚也被包裹。"171 页。

"后来出现的艺术品，如圣母像、耶稣受难像、现代圣徒的生平事迹等，都是在完全不同的氛围和观点下产生的，这些基于自身范例的源头则是在中世纪后期才传播开来。"173 页。

"首先，我要指出的是，就像世界导师、先知、使徒或《圣经》事件中被象征使用的个别人物一样，耶和华之母在出现时也总是身着古装，即罗马妇人的服装；值得注意的是，即这些古代艺术作品中的固定服装到处都更像是罗马式的而非希腊式的。值得一提的还有，具有象征性的福音故事在早期被《旧约》中的事件所补充，部分原因是出于先知的意愿，同时也是为了使古代艺术中仍然盛行的驱动力转向那些与基督教的关系较远，而较少暴露于宗派精神的微妙之处的事物。"174 页。

"根据作家和教会的说法，这种表现手法在基督教古代极为常见，但后来（在中世纪，表现《旧约》故事的传统即使没有完全中断，至少也不太繁荣和活跃）被一些较新的想法所取代，如对耶稣受难的细致表现，老一辈基督徒长期以来一直抵制这种表现手法；母亲与孩子在一起的形象以及现代圣徒的肖像和生平事迹。"

174—175 页。

"振兴艺术事业的下一个目标是修复破旧的教堂。"198 页。

"希腊人习惯于看到残酷的体罚，他们想象耶稣全身重重地悬挂在十字架上，腹部肿胀，瘫软的膝盖向左弯曲，低垂的头颅与残酷死亡的痛苦搏斗。相反，在意大利人的古老神像中，圣母与圣子和被钉十字架的表现都极为罕见，他们习惯将十字架上的耶稣形象高悬。"280 页。

第Ⅱ部分

1)[1] 杜乔和西马布埃。锡耶纳人和佛罗伦萨人，1250—1300 年。1 页。

"我们还记得，乔托使得最多样化的人生观在他的同时代人（中）流行起来；对新的圣徒的热情，对他们最多样化的生活状况的兴趣，满足了他伟大才能的转变。"213 页。

"耶稣的生平事迹也被归结为家庭生活的悲哀；（在 15 世纪）因为他的出生和成长，圣母和她的孩子，之后就成了基督教普遍喜爱的绘画主题。"213—214 页。

---

[1] 原文摘录有 1)。——译者注

II

《希腊人的绘画》①

波恩 1842

希腊人的绘画等约翰·雅各布·格龙德②的尝试

德累斯顿 1810 年

第 I 部分

"丑陋和可怕的东西痛恨艺术，并将其驱逐。因此，古代民族的古老神像在艺术价值上都是一样的。我们也从未发现这种情况有所改善，这是很自然的。因为一旦神的概念在对他的恐惧达到自己的极限，并且令人恐惧的神使得社会联结的起源神圣化了，那些社会首领在恐惧中找到了教化或控制原始人的方法，于是他们把这一观念植入人心，并使神像以丑陋和吓人的形态存在。由于恐惧会束缚人的灵魂，因此一个在恐惧中受教育和被养育的民族，永远无法扩展和提升它；更确切而言，与

---

① Marx-Engels-Gesamtausgabe2，Bd. VI/1，Berlin：Dietz，1976，S. 300−319.

② 约翰·雅各布·格龙德（Johann Jakob Grund）是一位波希米亚画家、作家和音乐家。他曾在 18 世纪末在安斯巴赫作为微型画家活跃。他在 1810 年写的这本《希腊人的绘画》是已知卡尔·马克思阅读并摘记过的关于希腊艺术的唯一一本书。在马克思的摘记中，希腊时期绘画的材质、颜料以及关于线条和阴影等技法方面的内容都被提及。——译者注

生俱来的模仿能力和由此形成的艺术感几乎会被完全扼杀。"4,5页。

"精致是伪装中的弱点。那么,国家的内在价值会在外在的辉煌中消解,而其自身也被蒙蔽了。"10页。

"因此,它(绘画)选择了圣母玛利亚的形象作为完美的目标,并在想象中为了目标仿佛用尽全力。"13页。

"在这一文艺复兴的初期,一幅由大师奇马布埃(Cimabue)① 创作的画作,曾从画家的家中被庄严地抬到圣塔玛莉亚诺维拉的多米尼加教堂,画家居住的街道也因人们对这一场游行的虔诚喜悦而得名。"12页。

"这(哥特式)建筑艺术追求感性的崇高,又陷入于贫瘠的琐碎之中;其飙升的高度甚至畏惧在孤立和冒尖部分表现出的力量假象,而这些部分在此通过无数的细小装饰来彰显其力量。整体被扼杀繁芜与华丽之中。"15页。

"雕塑在很大程度上是依靠建筑艺术的施舍而生存

---

① 奇马布埃(Cimabue),意大利画家。原名本奇维耶尼迪佩波,奇马布埃是其绰号。他是13世纪后半叶首先进行风格革新的画家,被奉为标志文艺复兴新艺术开始从中世纪旧艺术转化的先锋。他的艺术承袭中世纪拜占庭风格而又有所创新,与佛罗伦萨城市共和国在13世纪后半期的蓬勃发展相呼应,他的作品具有更逼真的人物比例和更复杂的阴影使用,来暗示体积,传述了新时代的信息。——译者注

的，而后者却为之慷慨解囊。圣徒像充斥着建筑物的里里外外，无穷的数量表达了人们的过度崇拜。他们的身材丑陋而矮小，体形瘦弱而坚硬，姿态笨拙而死板；因此，它们就像它们的创造者人类一样，在所有艺术面前都显得卑微。"15 页。

"如果说各个领域中最伟大的人物同时在某个时期百花齐放是一件奇怪的事情，那么很显然，那个时期总是艺术的鼎盛时期。这种繁荣可能随心所欲地出现，但其对这些大师作品的影响是显而易见的，就像皮格马利翁①雕像一样，他向他们的思想注入了鲜活的动力。当文化的片面性被驱逐，集体精神就会取而代之。"25 页。

"甚至罗马人在国王时代仍然使用朱砂彩绘朱庇特的雕像柱。在众神的雕像柱上涂上红色是古代的特色，因为红色象征着崇敬和神圣，这也是绘画的概念。"

"即使是希腊人，在发明绘画之前，也只是单纯的色彩涂抹。他们精益求精，终于发现将金属的不同颜色并排镂刻在战盾上可以相互衬托，更加鲜明。"36 页。

"于是，色彩就成了形式的向导，人不由自主地从

---

① 皮格马利翁（Pygmalion）是古希腊神话中塞浦路斯的国王。他非常擅长雕刻，经由他雕刻的任何事物都栩栩如生。他雕刻了一座美丽的象牙少女像，把全部的精力、全部的热情、全部的爱恋都赋予了这座雕像，并祈求神让她成为自己的妻子。爱神阿芙洛狄忒被他打动，赐予雕像生命，并让他们结为夫妻。——译者注

对色彩的印象，即无意识的美，渐渐转向对形式的印象，即理性中本真和真正的美。"37页。

"有些民族甚至为了单纯追求色彩，发明了宽大而无羁的服装，为了在其中闪耀，仿佛在其中游来游去，以至于仪态尽失，眩人眼眸。"引文同上。

"因此，他们（埃及人）的人物形象很少以其他方式出现，除了表现出最大程度的平静和最不活跃的状态，无论是站立还是坐着，总是保持笔直的，仿佛平衡的姿态，甚至连衣服的褶皱都顺着这种姿态展开；双腿紧闭，只有双脚怯怯地试图迈步，其中一只脚向前伸出，但仍然保持在同一条直线上。手臂要么下垂，要么放在大腿上，要么试图做某种动作。眼睛半睁着，就像某些哺乳动物出生后的最初几天。所有的雕像柱都以完全相同的方式被塑造，就好像它们都是从一个模子里出来的一样。"59页。

"无论是这些形象（象形文字［63页］）的姿态，还是这些图画的绘制，都证实了上述说法，即绘画艺术是根据数学原理或建筑艺术的精神和规则来处理和执行的。"64页。

"这里被发明的字符是符合规则形式的东西，或者是数学上精确图形的组合构成。人和动物是最不适用的，也看起来是最糟糕的。需要的东西除了满足之外别无其他终极目的。因此，这些标识虽然是图形，但其所附带的意义使埃及人将这些轮廓和形状视为他们自己的象形文字，其含义仍然难以捉摸；它们诉诸知性而非视觉。"65页。

"对于推导出的概念、真理、格言和警句，埃及人创造了图像或图画；对于与人类和个人直接相关的事件、行动和事实，他们找不到人本身之外的其他形象；因此，必须坚持使用人的形象，并通过它来唤起记忆。但是，他们被文字的概念和必要性所淹没，丝毫找不到发明绘画的诱因。如果说第二次尼西亚教会大会的一些教父投票赞成在教堂中引入或允许使用圣像，理由是这对目不识丁的普通人和无知者来说是有益的，甚至是必要的，他们可以通过目睹圣人来充分了解神的历史和圣人的事迹，但埃及人并不赞成：恰恰相反，埃及人不得不把以实物尺寸来表现上述的人物形象，表现他们应该做的动作，因为他们没有文字来简明扼要地记述国家和国王的历史。图像表象永远优先于文字叙述。"［66-］67页。

"木乃伊上的文字是用黑色绘制的，或者说是用墨水和芦苇管书写的，字的内侧则用画笔填上缤纷的颜色。"68页。

"无论是服饰上的绘画还是木乃伊上的绘画都只表明，如果一个民族以这种或其他方式使用字符、花朵和装饰时，那么从材料处理、手段、理念和起源方面看，绘画已经蕴含于其中，但根据其实际存在条件或相较于真正的艺术而言，它还不能被称为绘画。"71页。

"我们已经看到，文字的必然性这一观念是如何使古埃及人无法将素描视为绘画的；然而，他们更不可能发明色彩绘画，因为色彩不属于认知能力，不能像形式那样被概念化，只有当知性摆脱了原始感官的压制时，色彩才会成为思考的对象。只有到那时，人们才会剖析蓝色、红色等色彩的不同特质，发现它们色调的强弱，或在明暗中的变化，并将其与形式联系起来，从而形成光线对色彩影响程度的测量艺术，即色彩光学。"[71－] 72页。

"最后，当荷马如此频繁地向我们重申阿喀琉斯的盾牌是火神的杰作时，他用这个借口来保护自己，就像用一个新盾牌来抵御对主人的要求一样，他既没有说出主人的名字，也不知道如何说出主人的名字，因为他提到了阿贾克斯盾牌的制作者提基乌斯，并提及他的盾牌是一件没有任何装饰和图案的逊色作品。（第Ⅱ卷第Ⅶ章第22页，第Ⅺ章第485页）"79，80页。

"荷马嫉妒腓尼基人在金属工艺方面的声誉，希望为自己的同胞赢得这种声誉。于是，他以诗人的胆识，让这门工艺从他不竭的想象力中迸发出来，就像他用概念所能掌握的那样完美。特别是他用一种完全契合他自身及其充盈着力量的想法来完善这门工艺；即他打破了迄今每块盾牌上惯用的单一人物的严格限制，用一系列人物来表现他那个时代的社会生活、风俗习惯、艺术和科学的事件和场景；简而言之，他自豪地勾勒出了他的民族真实而生动的图景。"80，81 页。

"希腊人通过模仿小型事物来替代文字。"96 页。（但这不是象征性的）。

"埃及的这一文明分支（象形文字）一开始就受到希腊人的影响，让我们注意到了埃及人与希腊人在自然气质和情感特性上的差异。这些东西本应自行表现，眼睛渴望见证它们自身；他们发现正因如此，象形文字可以被用于记忆、教学和传承，并逐渐娴熟地运用它们。为了达到这个目的，人们把它们从自然大小缩小，做成便于手握的蜡片，以便在上面设计和雕刻，并按照自己的意愿或内容需要在上面刻上尽可能多的内容，这同时也能使人方便地浏览整个内容。"96，97 页。

"这种小比例的人物形象全面占据了艺术的主导地位。即使开始制作雕像柱，它们也不会立即呈现真人大小，而是要小得多。据说，希腊人掠夺的特洛伊的雅典娜智慧女神像就是一座小巧的密涅瓦雕像，陶利斯的戴安娜像也是如此。"[100 页]。

"实际上，那些（在奥林匹克运动会中）脱颖而出的人 [100 页]，他们的形象会通过自身部分的相似性被表达出来，这些人被称为象征性雕像。这是由普林尼第

34卷第4章［101页第1条注释］中提到的。"在古代罗马最早的铜质雕像柱中，有一些柱子的尺寸是3英尺，这在它们被制作的那个时代被认为是一种荣誉的尺度，这一点连普林尼本人也注意到了。直到第83届奥林匹克运动会，帕诺伊斯（Panäus）才首次尝试创作一幅大型画作，描绘马拉松战役，他在这幅画中以原尺寸画出了双方的领导者。普林尼第35卷第8章。"100，101页。

"（盾牌上的）人物形象是正面设计的（而不是侧面），因此它们就像一张上面带有点状图案的被拉紧的皮。"106页。

"无需想象这些图案是雕刻、镌刻或以凹陷的轮廓而制成的，相反，它们有时是镂空的，有时是浮雕的，或是以其他凸起的方式连接在一起，要么固定在盾牌中央的凹陷处，要么固定在盾牌的表面，盾牌因此而得名。"106页。

"谚语云："五彩缤纷，精雕细琢。"在《圣经》的古希腊文、现代希腊文和拉丁文中都出现了这一谚语，它指的是用金属、木头和其他彩色材料制成的作品。例如：用针绣出的绘画，刺绣或凸纹织造。"

"因此，我们看到了古希腊的绘画是什么样的。色彩与各种图像作品的结合决定了绘画的概念和本质。那个时代的人们无法将绘画想象成一个自成一体的独立事物，因为感官的需求仍然过于迫切，以至于无法从实在的物中解脱出来。""既然一切有色彩的东西都是物体的，而如果它是一个坚实的物体，就会触手可及，他们认为绘画也必须具有同样的性质，并将形式的或物体的材料就体现在色彩的特性上。"107 页。

"就这样，绘画力求在所有造型艺术分支中崭露头角并渗透其中，或通过模仿粗糙的、引人注目的形式，以及自由创作的事物，特别注重其色彩。现在，绘画分为硬质材料和软质材料；前者是木头、象牙等，尤其是金属；后者是金、银以及浸泡在紫色或其他颜色中的织物和毛线。"[107-] 108 页。

"这种绘画类型——就其物理构成而言，即雕塑绘画……当我们在处于原始状态的地球人身上看到绘画的童年时期时，我们发现，他们都是以雕塑为基础或依附于雕塑的。墨西哥人用他们祖国美丽鸟类的羽毛作画……几乎所有的原始人都会作画，但这些画只不过是以彩色涂抹的雕刻作品，或者用天然色彩的材料做成装饰品。"109 页。

"神谕是诗歌艺术的摇篮，它也孕育了最早的歌手和诗人。"146 页。

"纯粹的裸体就是纯粹的美。"180 页。

"服装必须忠实于仅仅遮体的意图，并满足于这种遮体的必要性，放弃对人体的所有过度侵占，绝不阻碍人体的展现。因为它同样要适应人体的服装面料的轻重，通过所产生的褶皱，打断形体的轮廓并将其从视线中隐藏，使得其与形体形成对比，被观者的精神所追踪和想象，从而使其自身得以享受。"180 页。

"感性的人希望看到神面对面的形象，并在实际拥有神的形象时享受他的存在。因此，一些古代民族将他们的安全感和全部救赎都寄托在他们守护神的形象上。"183 页。

"这些是历史上记载的最古老的神像，人们假托它们是从天而降的；这种说法恰恰证明，这种神像是艺术的最初结晶，它预示着将在神像中展现自己，并通过这种方式使感性的人相信，神本身就住在神像中，或者神像就是神。"184 页。"因此，对于现代希腊人来说，神圣的雕像柱不仅仅是一种意指，而是所代表的圣人的现实性，正如它与绘画相反一样。"184 页。

"因此，荷马将人类（创造万物第 187 页［注释 1]）的优越性归功于创造能力"；"尤其是希腊民族，更清晰地表达了它们源初的、自我创造的、自我实现的和奇特的东西，并且臻于完美。"187 页。

"事实上，这 30 个神灵长期以来一直受到崇拜，但艺术却不敢树立他们的形象，而当艺术敢于这样做时，它又是如何开始的呢？最原始的各地民族所做的事情，希腊人都做了，希腊人早就通过在美和爱中提出神的概念，超越了这种原始。"

"未加工的石块或方形石头象征着'宙斯、朱诺、戴安娜、巴克斯等。"189 页。

"有时，石柱的块状物被赋予神灵的意义，如西库昂（Sicyon）的朱庇特·米利库斯（Jupiter Milichus）和帕福斯（Paphos）最古老的维纳斯（Venus）。木材也被用于此目的。卡斯特（Castor）和波吕克斯（Pollux）两块直立的木头，用两个横木连接。"189 页。

"然而，抛开机械表现的困难性不谈，希腊艺术怎么会长期没有神的形象呢，而到了在特洛伊战争、阿尔戈英雄、埃皮贡的时代，即在英雄时代，却可以看到完整的人物形象，甚至是历史景象？"189 页。

"然而，两位神灵（火神和密涅瓦神）都不敢让这些亲族的生命或其他神灵，即他们的兄弟姐妹，从他们的人造之手中诞生，尽管他们承认自己是活生生的人形。"190 页。

"正如荷马和赫西俄德所称呼和描绘的那样，用雅典哲学家（阿特那戈拉①［注释 1］）的话说，只要造型艺术还没有被发明出来，不论是立体还是平面形式的，

---

① 阿特那戈拉（Athenagoras）是一位希腊基督教哲学家和护教士，他是最早使用新柏拉图概念来解释希腊和罗马文化的基督教信仰和崇拜的哲学家，并驳斥了早期异教徒对基督徒不忠和不道德的指控。——译者注

诸神就不会被描绘出来；反之，对描绘诸神的敬畏之心也阻碍了造型艺术，尤其是雕塑艺术的发展。我这里说的是描绘大型雕像的雕塑艺术。荷马所说的阿尔西诺斯宫殿中金犬和银犬以及手持火把的金色青年，不可能是完整的圆雕，而只能是那个时代风格的扁平浮雕，大小无足轻重，被镂空出来并固定在墙壁上；假定它们是真正的雕像柱，那么他为什么不用雕像柱来描绘众神呢？为什么他不在神庙、公共场所或国王的住所中展示他们，而只让我们看到祭祀的祭坛呢？"190，191页。

"如果卡斯特和波吕克斯（根据保萨尼亚斯①的说法）将著名的马尔斯（Mars）雕像柱从科尔基斯带到斯巴达，那么拥有这个被掠夺的神像的价值，可能部分是由于这在当时的希腊仍属于新颖而非凡的艺术。"191页。

"这就是希腊人一有机会就想抓住这些神（如特洛伊的雅典娜智慧女神像和陶利斯的戴安娜像）的原因。"引文同上。

"如果人与动物不同，生来就赤身裸体，那么与人同源的众神为什么不应该赤身裸体呢？为什么他们与人

---

① 保萨尼亚斯（Pausanias）是生活在公元二世纪罗马时代的希腊地理学家、旅行家，著有《希腊志》十卷，书中内容多为后世考古学发现所引证。——译者注

不同，根本不受外部环境的影响，不得不遮掩自己的赤裸之美呢？"193页。

"门格斯、温克尔曼等人认为，雕塑艺术最初是用泥土进行试验的，这一点已经确定；但我不认为这与艺术的发明有关。为什么希腊人要首先会用木块或石块来代表神，而不直接使用泥土来塑造神的形象呢？毕竟松软的泥土本身就适合这种试验，甚至可以说，事实上它本身就渴望被造成形象。然而泥土是想要被制造出来，而石头已然是一种形象，已然是居于可见的、可触及的肉身中的神。古代盛行的是强韧与坚固之物，如石头、木头、矿石和其他坚硬材料，远胜于脆弱的泥土，因此我们没有发现长期以来由各种材料组成的雕塑柱有任何一部分是由烧焦的泥土制成的。随着条件的改善，当人类开始摆脱坚硬和粗糙时，他就会在艺术创作中采用更好的方法来促进艺术创作；他会选择柔软而可塑的材料来迁就他的需求，当他对良好的结果感到满意时，他又会重新转向坚硬材料，只不过以前是它的奴隶，而现在是主人。"[194-] 195页。

"科林斯的狄布塔德斯（Dibutades）最初使用泥土制作头像。萨摩斯的罗库斯（Rhökus）和西奥多鲁斯（Theodorus）是第一个制作完整图像的人。"引文同上。

"雕塑艺术实际上始于人们在路边竖立的带人头的圣像柱，这种圣像柱被称为赫尔曼（Hermen）。"

[195-] 196 页。

"由于强韧的概念是建立在立方体或方形的基础上的，所以最初的赫尔曼一定是非常低矮、宽阔且方形的，类似于祭坛，即顶部和底部同样宽。然而，由于人体直立而高大，下部纤细而上部宽阔，因此后来形象被拉长，正方形从顶部向下逐渐变窄。不管是谁首次尝试在立方体上放置一个人头，或者将石头或木棍的上半部分塑造成一个人头，都可以第一个声称发明了雕塑。" 196 页。

"当艺术在最初觉醒的时候，头部的塑造占据首位，在每一个形象的设计中都要从头部开始，这是人类规定性最美丽的证明。"引文同上。

"赫尔曼（Hermen）——边界之神，用于区分和确定各民族的财产，或诸神之间划分的土地，并也作为指引从一个地方到另一个地方的路标。"引文同上。

"墨丘利与帕拉斯·雅典娜的区别在于前者更涉及感性和机械的事物，而非精神的对象。因为前者象征着技巧和敏捷，而与创造和理念相悖……为此荷马也在（《奥德赛》第 15 章，第 318 节，第 19 页 [第 197 页注释 1]）中提到了。

他将协助所有人工作，并赋予他们工作以荣耀和优雅。因此，技术艺术的鼻祖很自然地开始与神像联系起来，而其他被赋予方形形式的神被称为赫尔曼。据我们所知，雅典人制作了最早的赫尔曼雕像，随后希腊的其他民族也对他们进行了模仿。这证明雕塑艺术起源于雅典。"197 页。

"但是，仅凭头部不可能长期保持完整的形象，很快，在试做头部之后，还必须进行仿效以形成身体。因此，身体以暗示性器官的形式被识别，这样就有了头部和身体，其余部分则作为底架。"198 和 97 页。

"在这里我们不能忘记，由于完全不懂绘画，一切都是手工设计和制作的；因此，艺术家们不是把一块块石头放在他们面前，让他们根据初步设计将其重新塑造成人的形体，而是直接塑造人本身，不是用眼睛而是用手中的尺子来测量他的形体，这就迫使他们在材料中一个接一个地加工，然后再一点点地组合成整体。因此，它甚至只是一个身体构造的数学设施模型，与美毫无关系，因为作品并非从对已完成的、自然中的完美的印象开始的，而是从同一事物的意图开始的，受到必然性的制约，总之，因为不是想象力而是知性征服了自然。在这一点上，谁能否认这其中体现了埃及学派呢？"204 页。

"造型艺术在其出现和最初的发展过程中，虽然在创造和构成人物形象时需要线条，这是数学方法的结果，但与数学有着本质的区别的素描艺术却并不为人所知。因此，最早的希腊雕塑中使用的数学方法，包括雕塑的逐块组合、人物僵硬而静止的姿势、缺乏动态和精神，再加上前面提到的眼睛和嘴巴的形态，都令人信服地证明希腊人不仅从埃及汲取了制作大型神像的艺术，还学习了这些神像在大小尺寸上的表现特征。"205页。

"值得一提的是，古代艺术的原始作品是如何试图弥补美的缺失，或者说他们是如何相信自己拥有美的。例如用普通木头做成的雕像柱被涂上了颜色，或者其他方式进行装饰，甚至可能被包裹起来，将雕像的各个部分组合成一个形象时，会照顾各种材料的颜色，绘画（Malerei）的理念融入其中。这再次证明，素描（Zeichnung）艺术的概念尚未觉醒。"206页。

"神灵的力量和威力是显而易见的，他们的自由情感无限远离一切的秘密、欺骗和束缚；因此，造型艺术必须将它们以无遮掩的纯真和完全赤裸的姿态展示出来。但是，它们认为这是神灵所必需的，也是像神一样的人类所必需的；神灵和英雄应该以裸露肢体的威严之美来激发人们的敬畏之心。"219页。

"但是，要求通过裸体形式来展现神的特质时，他们却出于无知，忽视了女人贞洁地隐藏着的性别特征，甚至从雕像柱上抹去了任何与此相关的痕迹，就声称这些是艺术不适宜的对象，因为它必须表达出女性美中最高尚的部分，即德性。"221页。

"哲学化的希腊人将形体视为整体可见的。"220页。

"他已将脸藏于身体中。维吉尔第 6 卷，忒拜，第573 行。"［引文同上，注释 2］。

"普林尼，《自然史》第 34 卷，第 5 章。这是一个希腊式的表达，意味着没有什么需要掩盖。"［引文同上，注释 2］。

"线条是形式的基本原则。直线是表示大小、高度、长度或度量的线条，它分为垂直或竖向的，以及水平或横向的。前者是运动的线条，后者是静止的线条；前者轻，后者重。其他线条则由这两种线条组成，类似于音乐中的音阶，或黑白混合产生的明暗程度。所有的线条作为度量，都可以用数字来表示，圆圈的中心包含了所有的线条，作为一个点，它是原始的、独立的和必要的。表示高度或长度的线条是定在和现在的线条，是动物身体构造的基础线条。现在，骨骼结构就是以这条线条为基础的，骨骼作为衍生线从中延伸，肌腱和神经作为伴随线附着其上。四足动物是人类之后的第一种生物，其结构是水平线，即表示长度的线条；人类的结构是垂直线，即表示高度的线条。"224 页。

"尽管赫拉克勒斯的脚应该很长，但身体的高度并没有像人们想象的那样增加，而是仍然保持在水平线或宽度之下；因为最古老形象的尺寸几乎只用 5 英尺来作为正常身体的比例，因此这是低矮且过于丰腴的。"230 页。

"在那个时代，自然力量和体魄强壮仍然被视为普遍的需求和最极致的美，但艺术家们不能赞同这一点，因为他们认为这两者都是建立在宽度之上的，因此不希望影响高度。"231 页。"因此，身体的尺寸永远不会过大，但肢体会根据力量的概念而扩展，这种扩展就是尺寸；假如身体部分承受了更大的压力，整体的支撑物即脚，也必须按比例地增大，也就是说根据身体结构的重量或重力所需的压力来定长；因此，在最好的雕塑柱中，我们可以看到前脚掌比自然中的更长，而这一长度恰恰决定了人物的大小，尤其是神和英雄的大小。"231，32 页。

"身材的增高是宽度的必然结果，但要服从宽度，不凌驾于宽度之上；这取决于人物身上那令人惊奇的威严和尊贵，如果没有协调的宽度，仅靠身材的延伸是绝对无法获得这种效果的；因此，也有诗人称小赫拉克勒斯①是利西普斯的杰作。"[232 页]。

"在空气中如神一般微小而伟大。马提亚尔《隽语》（Epigrammata）第 9 卷第 43 行。"

"看似微小，感觉却很巨大。维吉尔《农事诗》第 4 卷。"[引文同上 注释 1]。

---

① 这里的作品是指《休息的赫拉克勒斯》，这一古希腊青铜雕塑，由雕塑家利西普斯（Lysippos）创作于公元前 320 年左右。——译者注

"关于科林斯陶工狄布塔德斯的女儿发明绘画的传说。236页。"

"绘画的第一项发明：用线条勾勒出事物的阴影。"237页。

"西库昂的克拉托在一块涂成白色的板子上擦拭男男女女的阴影。"引文同上（大面积的阴影涂抹，涂一层，抹一层）"阴影图像的外侧，即相似的位置，仅需画出轮廓，而不用黑色填满中间的空间。"238页。"希腊人称埃及的斐洛克勒斯和科林斯的克莱恩特是这一实验的发明者。据说，萨摩斯的索里亚斯甚至在墙上用阴影勾勒出了一匹完整的马。"238页。

"亚里士多德断言代达罗斯的亲戚尤奇尔（Euchir）是希腊绘画的发明者，而他的学生提奥弗拉斯特则称雅典的波利格诺图斯①为发明者。"238页。

"一旦发现了阴影中的形状，人们的欲望就会立即抓住它，采用通常处理文字图形的方法，即雕刻它。用锋利的工具在平整顺滑的墙壁上围绕阴影画一条线，以便在阴影变化的情况下保持基本形状，而轮廓的内部空间则保持空缺，没有影子的颜色；注意到这样勾勒出的

---

① 波利格诺图斯（Polygnotus），是一位古希腊画家，亚里士多德在《诗学》（1450a）中称他为"精神的优秀写照者"。他的作品以具有严峻古典风格的大型纪念性壁画而闻名，以其表现主义的艺术表达栩栩如生地描绘了人物的精神。——译者注

阴影的外部线条变得更深、更有力，而形状就像被描画出来一样，被压入线条的凹陷处，以取代失去的、熟悉的凸出曲线效果。"241 页。"因此，硬度一直是绘画的特性。"引文同上。

"平面雕塑艺术与绘画艺术［有着］共同的起源。"249 页。

"把形式从定在的概念中带到定在的直观中。"256 页。"最先进行这种尝试的是科林斯的阿迪斯（Ardices）和西库昂的泰勒芬尼（Telephanes）。他们甚至没有任何色彩，已经开始在内部散布线条。普林尼第 35 卷第 3 页。［注释 1］他们鄙视从阴影中借取轮廓，更愿意直接从自然中索求。他们的尝试令人满意，这可以从所描绘人物的签名中看出，（因此，他们所画的人物，被制度性要求标注上名字。）普林尼。［注释 2］就仿佛在她和画像之间没有任何区别一样。"256 页。

"由于阴影受限于线条，它（绘画）很快就被称为线条绘画或阴影绘画（［注释 2］），但作品本身被称为阴影素描，即用线条勾勒出形状的阴影。（色调的明暗层次。［注释 3］）可以说，即使是一幅色彩丰富的绘画，也只是事物的阴影，这就是为什么希腊人总是习惯于不仅给素描，甚至也给绘画冠以阴影之名。"260 页。

"由于绘画完全以色彩的缺席而取得这一重要进展，并仍然专注于无色的线条——这是其存在的第一个时期。"261 页。

"视觉艺术""感性的，超感性的视觉艺术"。263 页。

"画家能看到多少我们在阴影和轮廓中看不到的美啊。"西塞罗《论义务》。[引文同上 注释 1]。" 个无知的人看到宙克西斯的海伦，发现她并没有传言中的那么美，站在一旁的画家回答说：睁开我的眼睛，你会发现它们是如此美丽动人。""埃斯库罗斯第 14 卷第 47 页"。263 页。

"在感性艺术中有三种力量，正如三个绘画的主流时期。第一种力量与形式或素描有关，第二种力量与光或阴影有关，第三种力量与色彩有关。"264 页。

"阴影的特质在于它被剥夺了光、色彩、运动三重力量，这反而引诱它去描绘。"266 页。

"这个阴影的宁静是在截面或半身侧面中外形的显现。"266 页。

"西蒙（Cimon）或者按照埃利安（Aelian）的说法，克莱奥奈的科农（Conon），在与尤马鲁斯（Eumarus）的艺术竞争中，发现侧面像因为这种静止而单调乏味，他很快就能发现侧面像与未切割的正面视角之间的巨大操作空间。［267－268 页。］此处发现的插图，即斜视图：以及想要以各种形式描绘出的脸部，包括低头看、抬头看和蔑视的表情。他还区分了关节和肢体，展示了血管，除了在衣服上，还发现了皱纹和凹陷（折痕）和口袋。"268 页［注释 1］。

"从真实到可能的形态本性，或者从可见的真理到不可见的真理。"269 页。

"如果说雕塑的最初尝试是竖起圆形或方形的石头，将图像的意义和上帝以人类形象的表达联系起来，这些石头后来才有了一个带有粗糙面容的人头，而其余部分是躯干，或者仍然是一块逐渐变得不像自身的木块：那么，绘画才随即开始真正地模仿人，特别是他的脸的相似性；并将这种真实性拓展到其余整个形体上。"271，272 页。

单色画"绘画只允许使用一种颜色，且阴影应与之协调。如果人们决定将模仿对象的轮廓与色彩统一起来，即使是阴影，也始终只能与色彩相伴出现。"274 页。

"因此，色彩便是光的吸引力和物质的反抗力之间较量的结果：是彼之运动与此之静止之间的斗争：攻击和抵抗：对物质的存在和生命、对感官的形式的发酵、搅拌和混合；斗争、抵抗、发酵越激烈，这种生命就越辉煌，色彩就越美丽。通过色彩，形式在物质中获得了第二种定在；通过色彩，它缓和了其严格的本质，更愉悦地与精神融为一体。色彩是那貌美如花、永远年轻的妻子，她撤离并将自身封锁于形式中，与光的爱欲之力结合：这是可变的与独立的结合，偶然的与必然的结合，流变的与永恒的结合。"275页。

"要想模仿脸部，就要将阴影与红色结合。"276页。

"然而，对色彩的理解是由整体的印象产生的，它不允许我们在色彩中看到任何其他东西，而只看到表面的一种连续不断的特性。因此，既然绘画是在平面上勾勒轮廓，那么色彩也必须是一个平面，一个铺展开来的浑然一体。"276页。

"阴影中的人类形体给人留下了如此深刻的印象，以至于人的精神也在色彩中看到了阴影的特质，只有通过阴影，人才能学会理解光，这与自然界中发生的情况恰恰相反。"277页。

"科林斯的克利奥芬特（Kleophant）是第一个敢于将简单的色彩与线条联系起来的人，或者就像字面所言，给它们上色——［这个］上色是指在画出线条的区域着色，而不是线条本身。"277页。克拉托黑［282页］、"红、黑、白""单独使用，即其中一种与另一种形成对比，而排除第三种，就形成了单色画。"［496－］497页。

"单色画第二阶段。"［286－287页］。

"人们开始在蜡版上作画。"295页。

"用灼热的蜡笔（viriculum 或 veruculum）涂抹和展开干蜡和彩色蜡的过程被称为蜡染（后来扩大了的概

念）。"296 页。"被烧焦的是底蜡，而不是绘画本身。"299 页。"同样的蜡染作品，不是在木材和墙壁上进行大规模的创作，而是在象牙上进行小规模的创作。"303 页。

"拉丁人由于他们使用的是蜡，因此将这些称为蜡，蜡颜料本身也被称 cerae（拉丁语，蜡）。"310 页。

"每幅蜡画也要用到 encaustum 和 inustu。"引文同上。

"正如精神在充分掌握其力量时，会把分散的变为整体，把多样的变为简单的，并使其周围的一切服从于它的本性，即普遍性和统一性：雅典的霸权也是如此。"325 页。

"力量是美的阴影：它是光。"330 页。

"在第 50 届和第 60 届奥林匹克运动会之间，基乌斯雕塑家安瑟尔摩斯（Anthermus）和他的儿子布帕卢斯（Bupalus）在德洛的一座雕像柱下写道：基乌斯不仅因高贵的葡萄树而闻名，也因安瑟尔摩斯儿子的艺术作品而闻名。"358 页。

"在以弗所神庙的亚马孙人的作品中，五位最伟大的大师自愈了：波利克莱特、菲迪亚斯、克特西拉斯、西顿和普拉格蒙。""阿尔卡梅内斯和阿哥拉克里特斯的比赛，他们都是雅典的维纳斯。"362 页。

"阿尔特米西亚王后为其丈夫建造的著名陵墓。由斯科帕斯、布里阿克西斯、提摩西乌斯、勒奥卡赖斯和皮提斯等大师制作。"[362－] 363 页。

"大部分用大理石，少部分用矿石砌成。"引文同上。

"既然希腊建筑在强度上是对人体形态的模仿，那么在比例上也是对人体形态的模仿。"390 页。

"米隆、波利克莱特、菲迪亚斯，这些同时代的人物活跃于著名的伯里克利 40 年。"395 页。

雕塑

"米隆的掷铁饼者……和母牛。"[398－] 399 页。

"凯厄密斯最优秀的马匹画家"，即理想化地描绘马匹，胸腔更为宽广，身躯更为丰满。

"福西斯的泰勒芬尼只为波斯宫廷工作。"[400 页]。

"克泰西拉斯——一个像伯里克利的人。"[400－] 401 页。

"波利克莱特完全放弃了迟暮，只追求青春，他把男性的老年倒推到青少年时期，赋予青春以阳刚之气。" 402 页。他温柔地制作了年轻的戴着王冠的和刚毅的多里菲亚少年。普林尼 [引文同上 注释 1]。[波利克莱特] 多次塑造了赫拉克勒斯，他最赞赏的是一件阿里乌斯式的朱诺①雕像……他寻找艺术的标准。[404—407页]。

菲狄亚斯"让他的学生阿戈拉克里图（Agoracritu）做他的情人"。410页。

"他的作品包括两座密涅瓦的雕像柱，一个是由青铜制成的，另一个是黄金和象牙制成的。"411页。

"奥林匹克的朱庇特。"412页。

"波利克莱特追求美中的最高境界，菲狄亚斯追求最高境界中的美。当美力求最高境界时，它就失去了美的基础，即最高境界。"417页。

"米隆认为他可以使用得洛斯的青铜提高画作的价值，波利克莱特则用埃伊纳的青铜。然而，通过混合从金属中提取任何颜色的艺术直到利西普斯（Lysippus）时期才臻于完美。在这个时代，色彩的使用在雕塑中比以往任何时候都更加突出；不仅用刷子涂抹天然色彩来装饰雕塑，还尽可能把原来的小型绘画用来丰富雕塑。例如，罗迪乌斯（Rhodius）和他的妹夫帕诺伊斯（Panäus）在他的一个密涅瓦女神像的盾牌内侧绘上了绘画，甚至在帕尔哈西乌斯（Parrhasius）的一个青铜密涅瓦女神像的盾牌上绘上了扁平的人物和装饰。"434页。

---

① 朱诺（拉丁语：Ivno）是罗马神话的天后。天神朱庇特之妻，萨图尔努斯之女。女性、婚姻、生育和母性之神，集美貌、温柔、慈爱于一身，罗马人称"带领孩子看到光明的神祇"。地位相当于希腊神话主神宙斯的妻子赫拉。——译者注

"一开始，他们尝试用海绵涂色，然后用较小的海绵附着在触笔上，最后用头发制成的刷子涂抹。"442 页。

"人们尝试把蜡弄湿并变成液体，混合颜色，然后借此先用海绵后用刷子涂抹它。"引文同上。

"在煮沸的碱液中溶解的蜡是用画笔作画的基本材料。"448 页。

"蜡首先在湿润的状态下溶解，然后将颜色与蜡混合，再用刷子涂抹，最后通过小心地接近火焰或灼热的刀片（灼烧［450 页]），完成绘画。"452 页。

"带有想象中的烟雾（fumosae imagine）[①] 的罗马人祖先画像，这些画像被故意弄脏并毁坏，以证明家族的古老血统。"471 页。

"在这里，古老的圣母玛利亚或圣路加（希腊式的圣母像）的面色或多或少都是黑色的，因为画作最初没有玻璃保护，而教堂里香火的云烟以及灯烛的蒸汽，加上每天聚集的灰尘，逐渐在空中凝聚并留下烟灰。这种黑色可以说是这幅画神奇性质的标志和证明。"引文同上。

---

① 在罗马，如果是老贵族，他们的蜡质面孔就会被烟熏黑，中庭也因此而得名——西塞罗称之为"想象中的烟雾"。参见 Grose－Hodge, Humfrey. *Roman Panorama：a Background for Today*. New York：Cambridge University Press，2012，p. 181. ——译者注

"从那时起，人们决定完全放弃线条的雕刻，而用画笔把它们涂成彩色。"482页。"单独使用黑、白、红色，即其中一种与另一种颜色形成对比，而排除第三种，使绘画成为单色画。"496－［497页］。随后加入黄色，再发展为混合色。"但是，由于他们还没有深入研究光影理论，还没有学会了解物体的光照度，所以他们只将一种颜色和另一种颜色各自混合一半。"497页。

"第一次提到使用四种颜色的混合色见帕诺伊斯（Panäus），他画了雅典人与波斯人的战斗。"500页。

"之后，波利格诺图斯被提到，他与他的老师米隆最早引入了山地黄或赭石色。"501页。

"他们最先使用人造的黑色。普林尼说，古人这些最早享有盛誉的画家，即阿佩莱斯、埃齐昂、梅兰修斯、尼科马库斯（Apelles, Aezion, Melanthius, Nikomachus），只用四种颜色就完成了他们不朽的作品：如美琳白（ex albis melino）、阿提卡赭石（ex silaeeis attico）、辛诺基红土（ex rubris sinopide pontica）和人造黑（ex nigris attramento）。"502页。

"这是多色绘画的开端和第一种特质，或者说是色彩运用的第一种风格。四种原色和它们的半混合色被广泛应用，并通过黑色素描彼此相连，或者说，颜色的多样性因此变得更加明显和突出。因此，绘画仍然是线描画，仍然是单色画，但就这些丰富的色彩而言，它是多彩的单色画或多色线描画。再比如说中国画。他们将绘画置于色彩之中，认识到美在色彩而非形式中。究其原因，他们之所以将阴影从绘画中排除，是因为色彩拒绝将其作为美的印象，他们将轮廓仅视为色彩的边界条件，色彩必须取代阴影；因此，他们的姿态缺乏圆润感，其色彩缺乏立体感。"509 页。

格龙德·希腊人的绘画·续篇

"通过让阴影从素描的线条中浮现出来，以便将轮廓中的形式意义与其身体在圆润阴影中的外观结合起来，孤立的线性突然消失了。通过这种方式，之前仅作为绘画而一直被排除在身体之外的形式又与之重新结合在了一起，或者说，形式单纯的轮廓被转化为事物的肉身形式，呈现出雕塑般的质感，呈现在人们眼前。"514 页。

"波利格诺图斯和阿格劳丰；老米隆、小米隆和他的女儿提玛雷特、塞菲索多鲁斯、弗里卢斯、帕尔哈修斯的父亲和老师埃文诺、希梅雷的德莫非卢斯和塔索斯的尼塞斯。"[518 页]。

"宙克西斯（Zeuxis）[1] 和帕尔哈修斯（Parrhasius）[2] 对艺术贡献良多，其中前者据说发现了光影的原理，后者则以更仔细地研究线条而闻名。"昆蒂尔。[519 页 注释 1]。

"他（帕尔哈修斯）自己创作了许多作品；他是第一个赋予绘画对称性，第一个刻画出脸部的显著特征、头发的优雅和嘴唇的美丽的画家，通过艺术家的技巧在轮廓线条领域赢得了赞誉。"普林尼《自然史》第 35 卷第 10 章。[519 页 注释 2]。

"还应该指出的是，当时的绘画从用黑色圆润地描绘形式开始，然后继续进行，一直到完成整体，最后才上色。"524 页。

"最后，艺术本身显现出来，在色彩的差异之间发明了光影对比，互相突出各自的特性。接着高光出现，这与光有所不同。介于光和影之间的部分被称为色调，而色彩的接合及其过渡则被称为调和。"528 [−529 页]。

---

① 宙克西斯（Zeuxis）是公元前 5 世纪的希腊画家。他出生在本都的赫拉克利亚，但住在雅典，在那里他学习并度过了他一生的大部分时间。他画的是理想化的人物，但擅长静物画，以其模仿自然的能力而闻名。——译者注

② 帕尔哈修斯（Parrhasius）是公元前 5 世纪古希腊最伟大的画家之一。他出生于爱奥尼亚的以弗所，后来定居在雅典。他被古代评论家誉为轮廓画大师，他以微妙的轮廓而不是明暗对比的新技术来描绘人体。他还试图在对脸部的描绘中描绘各种心理状态和情绪。——译者注

"古人称音级或音阶为：从中心出发的局部音级的系列运动，无论是上升到光还是下降到影。艺术上将这些运动称为半音或中音调。"534 页。

"音乐也从借鉴了绘画中汲取了其表达方式，例如使用白噪音和黑噪音，在我们这里称为高音和低音。音乐家明塔诺（Mintanor）为他的音乐著作题写了书名。"537 页。

"色彩混合指的是混合或结合全色或亲近的颜色，以产生第三种和谐的颜色；色彩折射仅仅涉及确定颜色的深浅或其色调与主体色调和整体和谐的关系。因而色彩的自然属性就被打破了，并用黑、白、灰等手段强行处理；色彩的杀伤力；拉丁语：调适（temperare）。"538 页。

"如果说以往的多色绘画仅满足于简单的颜色填充，只是用来填充光线在素描画中留下的空白，那么色彩的折射则需要一个不同且相反的任务。因为折射色本身就将光和阴影结合在一起，这种双重属性使得素描的阴影变得多余，它本身在逐渐从暗到明的过渡中取代了阴影的功能，或者说是迎合光并与之结合。这种交汇或混合的色调或中间色调必须紧密相连且不得有中间地带，这是先前的多色绘画的误区，因为它们缺少从阴影到光的可见过渡。我们称这种过渡的结合为色彩的消散。"[538－] 539 页。

"雅典人阿波罗德斯是色彩折射法和处理阴影方法的真正发明者，他在自己的作品中写道："指责他人比模仿他人更容易。"540页。在第95届奥林匹克运动会的第4年，宙克西斯揭示了阿波罗德斯的秘密，并公之于众。"542页。

"触笔画流派：保西亚斯，最伟大的尤弗拉诺，然后是西迪亚斯、安提多图斯、尼齐亚斯、阿特尼翁、赫拉克利德斯、梅特洛多鲁斯、提摩马科斯。"〔556－〕557页。

"拜占庭的提摩马科斯①是最后一位著名的触笔画家，生活在恺撒时代。"560页。他为恺撒绘制了阿贾克斯和美狄亚。

"在亚历山大的时代，即在第112届奥林匹克运动会上，阿佩莱斯和普罗托根在罗陀斯岛。"567页。

"若明若暗是古人对美丽的阴影或恩膏②的称呼，而

---

① 提摩马科斯（Timomachus），公元前1世纪的希腊画家。他因两幅画而特别出名，其中一幅描绘了阿贾克斯的疯狂，另一幅描绘了美狄亚沉思着她的孩子被杀。这两件作品都以其面部表现力而著称，因此属于希腊艺术的最新阶段。马克思在此摘记的就是这一典故。——译者注

② 恩膏或圣油（Salbung）是一种宗教仪式中的物品，受恩膏或涂圣油的基本意义就是使那个东西或人成为圣。其基本流程为勺子从壶腹中吸取油，为君主涂油的大主教从勺子中取出油来标记头部、手部和乳房。——译者注

在拉丁文中，它被称为 tenebrae①，以区别于 umbrae②。"576 页。

"阿佩莱斯是第一位以女性色调作画的人。"589 页。

"利西普斯（Lysippus）出生于雕刻艺术日趋精细的时代，他增加了雕像柱的高庾，"716 页。"使整个作品更显苗条和精致。在利西普斯之后，尤弗拉诺（Euphranor）③ 和普拉克西特列斯（Praxiteles）④ 也相继增加了柱子的高度和宽度的比例，普拉克西特列斯为普拉提亚人创作了朱诺雕像；因此，他呈现的是站着的朱诺而不是坐着的朱诺。"718 页。

"对庞然大物的追求很快就变得荒谬起来；罗陀斯

---

① tenebrae，在拉丁语中意为"黑暗"，是西方基督教在复活节前三天举行的宗教仪式，其特点是蜡烛逐渐熄灭，在完全黑暗中，礼拜接近尾声时，发出"巨响"的仪式。——译者注

② umbrae，在拉丁语中意为"阴影"。——译者注

③ 尤弗拉诺（Euphranor）是一位公元前 4 世纪中叶的希腊艺术家，既是雕塑家又是画家。他的作品似乎与利西普斯相似，特别是他对于对称性的关注，与早期艺术相比他对身体形态更为偏爱，并且他对英雄主题十分热爱。——译者注

④ 普拉克西特列斯（Praxiteles）是公元前 4 世纪最伟大的雕塑家，也是最具原创性的希腊艺术家之一。通过将他的前辈们的超然和雄伟的风格转变为一种具有温柔、优雅和感性魅力的风格，他深刻地影响了希腊雕塑的后续进程。唯一已知的幸存作品是大理石雕像《赫尔墨斯与小酒神》（Hermes Carry the Infant Dionysus）。——译者注

巨像是建筑大师狄诺克拉底（Dinocrates）① 向亚历山大提出的将阿索斯山改造为其形象的建议；巨像左手托着一座大城，右手托着一个碗，山中所有的水都将汇集到碗中，然后倒入大海。"719 页。

"利西普斯的兄弟利西斯特拉图斯（Lysistratus）②论述了相似性，德米特里厄斯（Demetrius）③ 已经以牺牲美为代价夸大了相似性。720 页。底比斯的阿里斯蒂德斯（Aristides）④ 是第一位表现人的内心和痛苦心灵的画家。希腊人称之为精神气质（Ethe）。"723 页。

"从理想到纯粹的人性的艺术。"［723 页］。

"普拉克西特列斯以丘比特和维纳斯雕像闻名于世，阿佩莱斯则以维纳斯的绘画闻名于世。当时，许多维纳斯的绘画和雕像都在希腊订购和制作，它们都是描绘女

---

① 狄诺克拉底（Dinocrates）是生活于公元前 4 世纪下半叶的古希腊，亚历山大大帝的建筑师和技术顾问。他以亚历山大城的计划、赫菲斯提的葬坛和以弗所阿尔忒弥斯神庙的重建等作品而闻名。——译者注

② 利西斯特拉图斯（Lysistratus）是公元前 4 世纪的希腊雕塑家，是利西普斯的兄弟。他遵循了一条非常现实的路线，是第一位在石膏上塑造人脸的雕塑家。——译者注

③ 德米特里乌斯（Demetrius）是公元前 4 世纪希腊雕塑家，以现实主义著称。——译者注

④ 阿里斯蒂德斯（Aristides）是生活在公元前 4 世纪的希腊画家。他以富有表现力而闻名。例如，他描绘一位垂死的母亲的恐惧，唯恐她的婴儿从她的乳房中吸吮死亡的照片受到赞誉。他还画了亚历山大大帝的一场战斗。据称，佩加蒙国王阿塔卢斯以 100 塔兰特的价格购买了他的一幅画。——译者注

神像的，尤其是芙丽涅（Phryne）①。"［727－］728 页。
这是双性人的时代。［729 页］。

"尼科芬内斯（Nikophanes）② 长得娇小又可爱。"
［733－］734 页。

"利西普斯在他的作品中注入了各种微妙之处（争辩［注释1]），甚至允许最微小的细节参与其中，并试图在其中找到独特之处。"735 页。

"阿佩莱斯的学生泰西洛库斯（Ktesilochus）③ 画了一幅朱庇特分娩巴克斯（Bachus）④ 的场景，他戴着一顶女性的头巾，变形为女性，痛苦哀鸣，众女神作为助产士在旁协助。"［749－］750 页。

"基耶西德斯（Kiesides）因被斯特拉妮丝（Stratonice）王后羞辱，便将她与一位渔夫的秘密恋情

---

① 芙丽涅（Phryne）是公元前 4 世纪古希腊著名的交际花。她生于维奥蒂亚的特斯皮埃，随后来到雅典成为一名交际花，在这里赚取了声名以及财富。她的情人即雕塑家普拉克西特列斯以她为原型创作了不少作品，比如特斯皮埃就有一尊她的雕像和另一件她的情人的作品阿芙罗狄忒并排而列。在厄琉息斯的一次波塞冬节上她当众宽衣解带，放下束发，在众人瞩目中缓缓步入海中。据说正是这一幕触发了画家阿佩勒斯的艺术灵感，使他创作出了《爱神从海中诞生》。——译者注
② 尼科芬内斯（Nikophanes）是一位希腊画家，是画家阿佩莱斯同时代人和继任者。——译者注
③ 泰西洛库斯（Ktesilochus）是一位古希腊的画家。主要以一幅代表巴克斯诞生的荒谬、滑稽的绘画而闻名。——译者注
④ 巴克斯（Bachus）是罗马的农业、葡萄酒和生育之神，相当于希腊神狄俄尼索斯。——译者注

画了下来，据传她与这位渔夫相爱。他把两个人画得非常相似，把这幅画放在以弗所港口公开展出，然后乘船逃走了。"750 页。

"卡利特瑞特（Kallikrates）①画的小画取材于日常生活，一切都忠实地模仿自然。"750 页。

"卡利特瑞特和卡莱斯（Kalaces）创作了具有喜剧内容的小画，安提菲勒斯（Antiphilus）②则同时创作了这些作品以及大型作品。"751 页。

"皮耶里克（Pyerikus）最为出色；他画了理发店、鞋匠工作室、驴子和食物，因此被称为所谓的风俗画的创始人、厨房场景等。"752 页。

"卢迪乌斯在奥古斯蒂时期的风景等作品。"〔756页〕。

"教堂和修道院以及僧侣和尼姑的小房间里都挂满了最奢华的壁画，内容也惹人生厌，圣伯纳德

---

① 卡利特瑞特（Kallikles）是一位公元前 5 世纪繁荣时期的雅典建筑师，他在雅典卫城设计了雅典娜胜利神庙，并与伊克蒂努斯一起设计了帕特农神庙。——译者注

② 安提菲勒斯（Antiphilus）是亚历山大大帝时代来自埃及瑙克拉提斯的古希腊画家。他曾为马其顿的菲利普二世和埃及的托勒密一世工作。他是阿佩勒斯的同时代人，据说他还是阿佩勒斯的竞争对手，但他似乎以完全不同的风格工作。他在光影、流派表现和漫画方面表现出色。——译者注

（Bernard）① 对此抱怨尤甚。"758 页。

"佩加蒙的索苏斯（Sosus of Pergamon）② 的马赛克画。"[759 页]。

---

① 圣伯纳德（Bernardus）是一位修道院院长、神秘主义者，圣殿骑士团的联合创始人，也是圣殿骑士团改革的主要领袖。——译者注

② 佩加蒙的索苏斯（Sosus of Pergamon）是公元前 2 世纪的希腊马赛克艺术家。他是唯一一位名字被记录在文学作品中的马赛克艺术家。——译者注

图书在版编目（CIP）数据

批判理论·成都评论. 1 / 傅其林主编. -- 成都：四川大学出版社，2024. 10. -- ISBN 978-7-5690-7337 -9

Ⅰ. B085-53

中国国家版本馆 CIP 数据核字第 2024BN9583 号

书　　名：	批判理论·成都评论（1）
	Pipan Lilun·Chengdu Pinglun（1）
主　　编：	傅其林

选题策划：王　冰　吴近宇
责任编辑：吴近宇
责任校对：陈　蓉
装帧设计：墨创文化
责任印制：李金兰

出版发行：四川大学出版社有限责任公司
　　　　　地址：成都市一环路南一段 24 号（610065）
　　　　　电话：（028）85408311（发行部）、85400276（总编室）
　　　　　电子邮箱：scupress@vip.163.com
　　　　　网址：https://press.scu.edu.cn
印前制作：四川胜翔数码印务设计有限公司
印刷装订：四川煤田地质制图印务有限责任公司

成品尺寸：125 mm×185 mm
印　　张：5.75
插　　页：1
字　　数：118 千字

版　　次：2024 年 10 月 第 1 版
印　　次：2024 年 10 月 第 1 次印刷
定　　价：36.00 元

扫码获取数字资源

四川大学出版社
微信公众号